ÉMILE EDWARDS

JOURNAL D'UN HABITANT DE CONSTANTINOPLE

(1914-1915)

DEUXIÈME ÉDITION

PARIS
LIBRAIRIE PLON
PLON-NOURRIT ET Cie, IMPRIMEURS-ÉDITEURS
8, RUE GARANCIÈRE — 6[e]

1915

Il a été tiré de cet ouvrage 10 exemplaires sur papier de Hollande, numérotés de 1 à 10.

JOURNAL D'UN HABITANT

DE

CONSTANTINOPLE

(1914-1915)

OUVRAGES DU MÊME AUTEUR :

Nadjié, la petite hanoum.

Mon Maître chéri (Effendidjiïm).

Chez L. Sauvaitre :

Contes amers. *(Épuisé.)*

PARIS. TYP. PLON-NOURRIT ET Cie, 8, RUE GARANCIÈRE. — 21296.

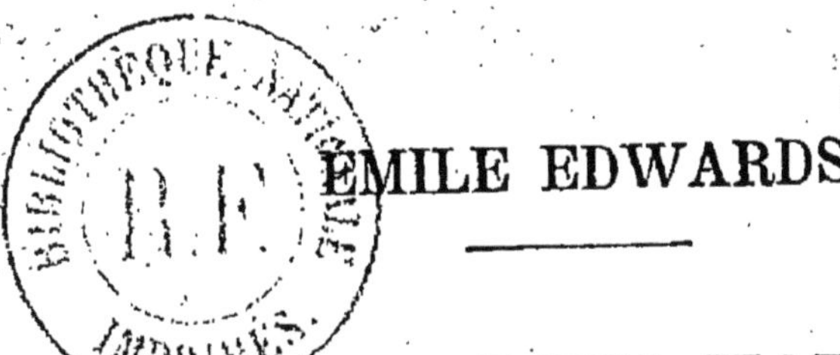

ÉMILE EDWARDS

JOURNAL D'UN HABITANT DE CONSTANTINOPLE

(1914-1915)

PARIS
LIBRAIRIE PLON
PLON-NOURRIT ET Cie, IMPRIMEURS-ÉDITEURS
8, RUE GARANCIÈRE — 6e

1915

A

MONSIEUR CHARLES DE CERJAT

Je dédie ce livre,

en témoignage de ma profonde reconnaissance.

E. E.

LE JOURNAL D'UN HABITANT DE CONSTANTINOPLE

Ortakeuy (Constantinople),
jeudi 28 septembre 1914.

Deux années se sont écoulées depuis le soir de novembre où je retrouvai Nébilé, écroulée sur les coussins d'une chaise longue, pleurant la prise d'Andrinople par les Bulgares, la fuite éperdue des troupes turques à travers les plaines dévastées et glacées de la Thrace.

Depuis lors les Turcs ont réoccupé Andrinople. Dans la joie de cette victoire, sans combats et sans honneur, les crimes politiques, qui supprimaient un Nazim et un Mahmoud Chewket pacha, passèrent inaperçus et tout rentra apparemment dans l'ordre.

J'eus alors, comme les autres, l'illusion que la nation et le gouvernement se recueilleraient dans une longue ère de travail et de relèvement; je crus que rien plus n'entraverait mon bonheur et qu'il me serait aisé de concilier mes rêves à la réalité de ma vie.

Et, en effet, nous menâmes, Nébilé et moi, une existence pleine de délicieuses ivresses. J'étais complètement heureux, n'aspirant à rien de plus beau que ma vie présente. Je ne souffrais plus de ces nostalgies incontrôlables qui me tourmentaient si souvent autrefois, même aux premiers temps de mon mariage. L'Orient, qui m'avait ensorcelé, paraissait vouloir me retenir indéfiniment, comme une habitude voluptueuse retient l'homme faible en esclavage et le mène à la mort.

Et nous vécûmes dans une intimité exquise, prisonniers d'une exaltation impressionnante, jusqu'au jour où............

Combien tout ce que je vais écrire me trouble douloureusement!

Dehors il pleut. L'obscurité, qui marque la fin du jour, est proche, et les feuillets, sur lesquels se grave ma pensée, se teintent lentement de gris sous mes yeux fatigués.

Il pleut, et le grésillement intermittent des gouttes d'eau sur les vitres, l'espèce de froid humide qui se répand dans la pièce, malgré les fenêtres closes, exagèrent la détresse de mon cœur.

Le Bosphore est noir. Sur la sévérité de son onde aucun navire ne glisse. Aujourd'hui les Détroits sont fermés à la navigation, et nous allons mystérieusement vers une destinée effrayante et effroyable par son inconnu. La nation turque se refuse à naître, elle continue à somnoler tandis que le gouvernement, ivre, court en riant vers le précipice.

Il pleut, et je regarde la pluie qui coule sur mes vitres comme de pauvres larmes humaines sur des joues, des larmes inutiles qui ne corrigent pas le sort et ne diminuent pas les peines.

Un appel assourdi me parvient à travers la porte close :

— Mehmet... Mehmet!...

C'est une des halaïks (1), Bulbul ou Ka-

(1) Les halaïks ne sont pas des servantes proprement dites, mais des fillettes que des familles pauvres cèdent à des gens riches, à charge pour eux de leur constituer une dot et de les marier. Jusqu'au mariage les halaïks, dont un grand nombre épousent les fils de leurs maîtres ou leurs maîtres eux-mêmes, aident aux travaux du ménage.

drié, à la recherche de notre cocher pour lui rappeler l'achat des gazettes du soir; ces gazettes que Nébilé lira les yeux brillants et agressifs, ces gazettes qui clament des victoires allemandes et la défaite des alliés. Ce sont des mensonges, j'en suis persuadé, mais le peuple turc ajoute foi à ces mensonges qu'il est interdit de démentir et qui, en m'humiliant, me remplissent de rage!

L'Allemagne, dont l'objectif est de saccager la France, ma merveilleuse patrie, l'Allemagne, destructrice de mon paisible foyer, je la maudis! Et mon cri de haine, joint à l'anathème. de millions de créatures, sera écouté par le Dieu des chrétiens que j'ai renié et auquel je reviens, lentement, plein de remords!

Les sympathies de Nébilé, de ma bienaimée si enfantine, si délicate, si pitoyable aux souffrances d'autrui, vont aux pillards allemands. Cela est incroyable et horrible! Je devrais — il en est temps encore — m'enfuir, abandonner ce toit sous lequel je me figurais devoir demeurer jusqu'à la fin de ma vie aux côtés d'une compagne follement chérie. Je le devrais, mais je ne le puis pas. Malgré les blessures qu'elle m'inflige avec une brutalité inconsciente, malgré sa gallophobie, Nébilé, mon épouse turque, a pris dans mon esprit, dans mes sens et dans mon cœur, une place souveraine.

J'adore ses yeux qui se sont si souvent clos sous mes baisers passionnés, ses lèvres rouges, sa délicatesse physique, son corps qui s'est ployé frissonnant sous le mien et auquel j'ai voué un culte fanatique!

Et notre existence fut heureuse et charmante jusqu'au jour où.....

C'était à la fin de juillet. On parlait de

guerre européenne, mais on en avait parlé si fréquemment que personne ne pensait la tragédie possible. Une guerre générale serait, assurait-on, une chose affreuse et monstrueuse. On comptait sans la sauvage Allemagne, rêvant silencieusement depuis quarante-quatre ans de massacres et de carnages. On disait bien que, pour la nation germanique, détruire, mutiler, souiller, représentait de la volupté; on le disait, mais chacun croyait en son for intérieur que le dégoût du Teuton nous portait à exagérer les vices de la race ennemie. On ignorait encore complètement de quelle vase est composée l'âme teutonne, âme immonde qui trouve, à profaner la virginité, l'enfance et la mort, les délices du fauve.

On s'entretenait donc d'un conflit européen prêt à éclater quand je tombai malade d'une fièvre sans caractère précis, gagnée en veillant tard, la nuit, sous le kiosque bâti sur pilotis, au-dessus de l'humidité alanguissante du Bosphore.

Un jour — c'était le 2 août — Nébilé, qui était allée à Stamboul rendre visite à la femme de Ruchdi bey, Macboulé hanoum, s'attarda dehors. Lorsqu'elle revint à la nuit tombante elle fit irruption dans la chambre, où je reposais, en annonçant :

— Ça y est! C'est décidément la guerre entre la France et l'Allemagne, et l'Allemagne sera victorieuse!

Je vois encore la Nébilé de cette après-midi, une Nébilé toute rose d'émotion, toute souriante, secouant d'un air mutin une ombrelle verte; je ressens encore, après deux mois, l'affreuse douleur que me causa son exclamation.

Je dis, frémissant, la gorge sèche :

— Mignonne!...

Le son de ma voix était si gros de reproches que ma femme, comprenant la cruauté de son affirmation, se jeta à genoux près de ma couche et, étreignant une de mes mains entre ses doigts gantés, balbutia, du ton très humble d'une petite fille qui a péché et qui se repent :

— Effendidjiîm!... effendidjiîm (1), pardon; je vous en supplie, ne vous chagrinez pas, et perdez bien vite cette mine fâchée qui rapproche vos sourcils et vous donne l'air méchant. Je plaisantais, je vous le jure.

Son repentir m'émut, comme m'émeut tout ce qui me vient d'elle, et je souris à l'éblouissant visage penché sur moi.

Cependant, je ne sais pourquoi, j'eus la subite et cuisante sensation que les regrets de ma compagne n'étaient pas sincères; j'eus, en outre, l'impression amère que c'était la fin

(1) Mon maître chéri.

de mon bonheur absolu ou, du moins, que ce bonheur était en grand danger de périr.

— Vous m'avez causé beaucoup de chagrin, mignonne, dis-je.

— Mais c'est fini, oublié, interrompit Nébilé, et vous ne m'en voulez plus, n'est-ce pas?

En prononçant ces paroles elle me tendit sa bouche. Nos lèvres se joignirent... J'oubliais!...

Quelle misérable chose que la chair!

Ce soir-là il ne fut plus question entre nous de la guerre; seulement, la nuit, livré à mes seules pensées, je ne pus dormir. Mon pays en guerre!... O Dieu de l'Univers, Dieu de justice, sauvez-le, accordez-lui la victoire!

La victoire! Je me répétai ce mot avec une sorte de fièvre jusqu'aux premières lueurs du jour et j'étouffai, ainsi, en moi la vision de défaites possibles.........

Le lendemain, de bonne heure, je reçus la visite de mon beau-père, Enisse pacha, et de sa femme, Dilara hanoum; tous les deux avaient la mine sombre.

Enisse pacha se laissa tomber lourdement au fond d'un fauteuil et gronda :

— Faut-il ajouter foi à la terrible nouvelle? Que va-t-il nous arriver?

Je le regardai sans bien comprendre, car la Turquie n'était-elle pas neutre?

Il reprit, comme s'il devinait mes pensées :

— Oui, que va-t-il nous arriver? Nous crions, il est vrai, que nous sommes neutres, mais ne sommes-nous pas entre les mains des Allemands? Dès lors, la neutralité pour nous est-elle possible?

— Pourquoi pas?

— Pourquoi pas? Attendez le développement de la guerre et vous jugerez si nous sommes les maîtres, vous verrez où nous conduit la mainmise germanique sur notre pays déjà si éprouvé! De notre neutralité absolue dépend notre relèvement, que dis-je, notre existence même; mais, et cela me désespère, nous ne garderons pas cette neutralité, ce serait trop beau, trop raisonnable, et notre esprit a une tendance à se plaire aux gestes des déments et à les imiter. Ceux qui dirigent actuellement les destinées de notre Empire sont des mécréants; un vent de folie souffle sur eux, sur nous. Où nous conduira-t-il, ce vent de tempête, sinon à la catastrophe finale, au naufrage...

Ici Nébilé, intervenant brusquement, déclara :

— Effendim (1), ne soyez pas pessimiste, l'Allemagne conquérante nous dédommagera de nos pertes passées.

(1) Maître; mon seigneur.

En l'entendant exprimer cette opinion, je restai pétrifié. Était-ce ainsi que ma femme me marquait son repentir de la veille? Le sang me monta brusquement au visage et je me préparais à émettre de regrettables paroles, mais Enisse pacha ne m'en laissa pas le temps; il bondit, et — je crus, un instant, qu'il allait gifler sa fille — son poing s'abattit avec bruit sur une délicate table de Damas qui se brisa.

— Ne parle pas comme une ignorante, surtout ne te pose pas en champion de l'Allemagne. Tes amis, que je ne tiens ni à nommer, ni à connaître, ont tort de te raconter des histoires qui pèchent contre la vérité; tu as tort d'y prêter une oreille complaisante, tu le regretteras, ma fille, crois-en l'expérience d'un bonhomme qui a appris, auprès d'un profond diplomate (1), les roueries dont

(1) Le sultan Abdul Hamid.

le kaiser et sa bande sont capables. Retiens bien ceci : Si la France et la Russie sont vaincues, l'Allemagne nous imposera son protectorat; si le contraire se produit, l'Empire germanique nous entraînera dans sa débâcle et nous précipitera dans la fournaise; ou, ce qui est plus probable, nous offrira en pâture à ses ennemis pour sauver un morceau de son propre territoire. Dis-moi un peu, toi qui fanfaronnes, si l'incendie de la campagne balkanique nous a laissé assez de forces pour lutter contre la plus faible puissance du globe. Je souhaite donc, et tout véritable musulman doit le souhaiter, une rapide et définitive victoire française; la France est une noble nation et elle se refusera à rejeter sur tout un peuple la responsabilité des actes que quelques insensés commettent par vénalité.

Enisse pacha se tut. Nébilé, l'air fermé, le

front penché, quitta son siège pour se rapprocher à pas lents de ma chaise longue. Je l'éloignai du geste et elle s'arrêta au milieu de la pièce, indécise et l'air si confus que je m'apprêtai à excuser mon mouvement, quand Enisse pacha reprit la parole :

— A propos, quelle est exactement votre situation militaire?

— Je suis exempté, mais si les autorités militaires consentent à passer outre, je partirai.

Dilara hanoum, jusque-là silencieuse, s'écria :

— Vous partirez, et Nébilé?

— Nébilé est patriote, elle comprendra qu'il y a pour moi un devoir sacré à accomplir.

— Mais vous êtes malade!

— Je guérirai, je l'espère.

Enisse pacha ne dit plus rien. Il alluma

lentement une cigarette et, le visage tourné vers la fenêtre, par où entrait à flots l'admirable soleil d'Orient, parut s'absorber dans la contemplation du panorama éblouissant sous ses yeux.

Nébilé avait hésité un instant, puis elle était venue s'asseoir près de ma couche. Je fixai mes regards sur elle et essayai de lire sa pensée au fond de ses prunelles couleur vert de mer; dans la limpidité « du miroir de son âme », je ne découvris rien. Son cri, le soir précédent, n'était donc qu'une feinte? Mais voici que ses joues perdent leurs brillantes couleurs, ses paupières s'abaissent, ses doigts, qui ont cherché les miens et les retiennent enlacés, tremblent, sa poitrine se soulève :

— Vous irez vous battre?

— C'est mon ardent désir.

— Et moi, que deviendrai-je, seule, sans vous?

— Vous m'attendrez et, si je ne reviens pas, vous m'oublierez!

Comment ces méchantes paroles quittèrent-elles mes lèvres? A peine les eus-je formulées, je les regrettai, car ma bien-aimée se jeta sur moi et, la tête sur mon épaule, sanglota éperdument.

En voyant pleurer sa fille, Dilara hanoum se fâcha :

— Vous n'avez pas le droit de parler ainsi, me dit-elle; et à Nébilé :

— Ne pleure pas, mon agneau, Cadri, — c'est bien là mon nom de musulman — demeurera près de toi; il est malade, et aucune armée n'accepte les malades.

Je ne répliquai pas. Discuter n'aurait servi qu'à attrister davantage petite Nébilé; et puis, la discussion, je m'en suis convaincu en Orient, est de mauvaise politique.

J'attirai à moi ma mignonne épouse, je la

conjurai de se calmer et, lâchement, je reconnus que les impotents font meilleure figure les pieds sur les chenets.

Ortakeuy, 30 septembre.

Jusqu'au jour où se produisit l'incident que je viens de relater, c'est moi qui devais, chaque après-midi, insister auprès de ma femme pour qu'elle sortît soit en voiture, soit en caïque, afin de se distraire. Maintenant, le matin, ensuite aussitôt après le repas de douze heures, elle disparaissait sans dire où elle se rendait, et si, à son retour, je l'interrogeais, elle inventait des histoires dans lesquelles elle s'embrouillait, accumulant des incidents extraordinaires qui l'obligeaient à courir chez sa mère ou chez des amies.

Les communiqués sur la guerre accaparant

toutes mes préoccupations, je n'ajoutais pas trop d'importance à ces escapades inusitées. Je ne remarquais même pas l'insistance de Nébilé à m'opposer aux nouvelles du *Temps* celles de l'infâme agence Wolff. L'attitude bizarre de ma femme ne me frappa qu'à la longue.

Un midi — je commençais à aller mieux et à circuler par la maison — je me hasardai, à table, à parler de victoires — c'était lors de la seconde prise de Mulhouse. — Je me déclarai convaincu de la victoire des alliés, quand Nébilé, riant aux éclats, — ce qui ne lui était pas habituel — rétorqua :

— C'est du simplisme; l'Allemagne est puissante et de force à mater l'Europe entière. Ruchdi bey — c'était donc lui le coupable, lui dont l'influence funeste exerçait sa volonté sur ma naïve Nébilé — nous affirme savoir de l'ambassadeur d'Allemagne lui-même que les armées prussiennes entreront à Paris le 2 septembre.

— Et vous ajoutez foi à ces vantardises de sauvages? La France n'est plus la France de 1870; en outre, aujourd'hui, elle n'est pas seule. Mais brisons là; j'espérais que vous épouseriez la cause de votre mari et, dédaignant celle de ses ennemis, vous cesseriez de partager les idées d'un tas de gamins à la solde des Allemands, non pas par patriotisme, mais parce qu'ils sont payés, vendus!

— Vos accusations sont fausses; nous avons la conviction que l'Allemagne est la plus forte et des preuves de son amour pour notre nation. C'est afin de nous permettre de résister à nos ennemis qu'elle nous fournit des hommes et de l'argent, alors que la France et l'Angleterre nous ont abandonnés.

— Brisons là, vous dis-je, vous êtes une enfant et vous discutez comme une enfant, au risque de détruire à jamais la paix si douce de notre intérieur.

— Une enfant? Vous vous moquez de moi; je parle en patriote.

Sur ces mots, elle lança sa serviette sur la table et disparut.

Bulbul et Kadrié, qui nous servaient, assistaient atterrées à cette scène. Kadrié se précipita derrière sa maîtresse; quant à Bulbul, elle regarda vers la porte et, ne voyant pas Nébilé réapparaître, elle s'avança vers moi. Oubliant les signes de respect qui ont toujours présidé à ses moindres actes, elle toucha mon épaule d'une de ses mains enfantines aux ongles colorés de rose. Ses yeux noirs s'étaient comme agrandis par la pitié.

— Effendim, murmura-t-elle, pourquoi vous fait-elle de la peine; vous l'aimez et vous êtes bon?

Elle remarqua sans doute alors la contraction douloureuse de mon visage, car ses lèvres se crispèrent et elle se sauva.

Depuis lors, chaque fois que je la rencontre seule, le long d'un couloir, elle a un gentil sourire et, en guise de salut, elle met un doigt sur sa bouche. Depuis lors, également, le désaccord entre Nébilé et moi s'est accentué chaque jour davantage. Nous nous voyons aux heures des repas seulement et, lors de ces rencontres, nous échangeons de très rares paroles; je ne suis pas, cependant, sans noter avec douleur que ma femme se montre d'autant plus gaie que les journaux vendus à l'Allemagne annoncent des victoires. Afin d'affermir sa révolte, elle a poussé les choses à l'extrême; après le divorce de nos idées, elle a exigé celui de nos corps et, sous prétexte que je ne puis, de peur d'une rechute, supporter les fenêtres de notre chambre ouvertes la nuit, elle s'est installé un lit dans une pièce séparée.

Dans mon isolement je nourris une rage sourde contre Ruchdi, que j'aurais voulu meurtrir comme il me meurtrissait; je nourris contre lui des idées de vengeance pour une conduite qui me lésait cruellement. Et puis, mes méchants dessein stombèrent vite, comme ils étaient venus : le climat, le milieu ont transformé mon caractère, et toutes mes résolutions se concluent par une réflexion d'impuissance : A quoi bon, à quoi sert-il de lutter? Ce qui est écrit est écrit.

Heureusement, à cette heure difficile de ma vie, une circonstance imprévue apporta de la diversion à mon chagrin. J'appris incidemment que les Français se réunissaient le samedi matin à Saint-Louis, la chapelle de l'ambassade de France, afin de prier pour le succès des armées alliées.

La première fois, je me rendis à cette messe par patriotisme; dans la suite, j'y retournai poussé par un élan de mon âme vers la religion caressante de mon enfance. J'y allai en m'entourant de mille précautions, de peur d'être remarqué par les espions, rôdant autour de l'ambassade, et dénoncé; j'y allai le cœur froid et, soudain, au milieu de l'office, je me mis à trembler..... Je tombai à genoux et je priai. Je priai, non pas ce Dieu qui gouverne le monde et toutes les religions, mais le Christ mutilé qui, du haut de l'autel, semblait me regarder, ce Christ qui s'était condamné au crucifiement avec l'espoir ardent mais chimérique de nous sauver du mal et de la douleur.

J'oubliai mon apostasie, j'oubliai que j'étais maudit et avais dressé entre le Christ et moi une barrière formidable.

Je priai, j'invoquai sa pitié et sa force pour

la France; et, quand le prêtre bénit la foule, je me courbai très bas en murmurant : Pardon !

Je m'y rends régulièrement, à cette messe ; personne ne fait attention à moi et je ne fais attention à personne.

Je prie le Dieu des chrétiens, et je suis musulman ! Je prie ce Dieu charmeur que j'ai diffamé, je le prie sans songer à l'horreur de ma situation, et il m'est arrivé, dans le flux de mes invocations, de le supplier de rendre, à mon foyer de musulman, le bonheur disparu !

Je crie : Vous êtes le seul Dieu, et le Christ et le Saint-Esprit sont en vous. Je crie cela, moi, le renégat qui demeure, à la face du plus grand nombre, un musulman !

Ah ! ceux qui n'ont jamais eu un amour de la puissance de celui qui m'a porté à acclamer Mahomet comme le seul prophète ; ceux qui n'ont pas eu, en présence de l'unique femme, ce tremblement du cœur qui vous fait penser à la mort, ceux-là seuls ne comprendront pas l'état et la misère de mon âme!

Comment vous reviendrai-je, ô Dieu des chrétiens, je l'ignore encore, mais vous le savez, et je vous demande de ne pas me faire ce chemin de retour trop dur; surtout, ô Dieu, d'épargner Nébilé, enfant frêle et touchante, qui ne mérite pas de souffrir, car elle n'a point péché!

Ortakeuy, 1er octobre.

Depuis la déclaration de guerre, Mehmet a contracté une habitude; dès qu'il m'aperçoit le matin, il annonce : « Aujourd'hui, les nouvelles sont mauvaises », ou bien : « Aujourd'hui, rien de nouveau », suivant que les bateaux allemands (ils sont actuellement nombreux, les navires des vandales, réfugiés dans les eaux de Constantinople, de Cavak, à l'embouchure de la mer Noire, à la pointe du Séraïl, en face de Scutari) sont ou ne sont pas pavoisés.

Mehmet est un anglophile convaincu. Il ne peut oublier, avoue-t-il, la conduite, durant la dernière guerre balkanique, des Anglais qui, par leurs dons, ont empêché les femmes, les enfants, les vieillards des quartiers musulmans, les plus populeux, de mourir de faim.

Aussi, chaque jour, je quitte ma chambre avec des battements de cœur précipités et lorsque, ce matin, Mehmet m'a lancé : « Mauvais, aujourd'hui, maître », j'aurais crié de fureur.

Un soleil ironique, accablant comme un soleil d'été, inonde mon cabinet de rayons dorés. Par les baies grandes ouvertes, qui découvrent un paysage d'aspect toujours nouveau, c'est un ruissellement de lumière sur l'eau miroitante du Bosphore, sur les villages vis-à-vis, semés de minarets fragiles et de maisonnettes bigarrées, sur le bleu turquoise de l'onde, qui semble refléter le bleu aveuglant du ciel; par les baies grandes ouvertes, d'où pénètre le parfum violent de la terre réchauffée et des fleurs de notre serre, il m'est donné de compter les vapeurs à l'ancre, l'un à côté de l'autre, l'un derrière l'autre, les vapeurs allemands dont les oriflammes, frissonnant sous la brise, clament des victoires.

Cette vue m'accable. Depuis l'abolition des capitulations et la suppression des postes étrangères, nous ne recevons plus de journaux français et nous sommes, malgré nous, portés à ajouter une certaine croyance aux mensonges des vilains.

Au milieu de ma douleur, je me sens très seul dans cette maison qui est la mienne, et j'ai un moment de désespoir infini. Mehmet s'éloigne et je reste, la tête enfouie dans mes bras repliés, prostré sur la table...

Des pas glissent sur le tapis, un souffle effleure ma joue. Je sursaute, me redresse. Bulbul est près de moi. Elle serre ses petits poings sur sa poitrine pour retenir l'entari (1), qu'elle a omis de ceinturer, et, penchée, le buste ployé, elle contemple, apitoyée, un homme, le maître, qui pleure comme une femme !

Je tends la main pour lui signifier de me laisser : elle s'en empare et la baise. Elle va parler. Que va-t-elle exprimer, cette âme sauvage, qui ne connaît rien de la politique et de la sensibilité européennes? Que va-t-elle

(1) Robe d'intérieur très large et sans boutons.

dévoiler, cette âme inculte, dont une émotion extraordinaire bouleverse les traits : ses narines frémissent, ses yeux, aux cils admirables, brillent de lueurs mystérieuses, ses lèvres rouges s'entr'ouvrent...

— Bulbul... Bulbul... où es-tu? crie Kadrié.

Des pas glissent sur le tapis, l'ombre délicate de la petite servante s'évanouit...

Je regarde, médusé, les drapeaux ennemis; puis, de peur que Nébilé ne survienne et n'aperçoive mes paupières gonflées, je m'éloigne; je me rends chez mon ami, le hodja Hadji Mehmet effendi.

Je le trouve installé dans le sélamlik de son logis bizarre, pareil à tous les logis des familles musulmanes fanatiques, qui se sont, jusqu'ici, refusé à singer l'ameublement des intérieurs européens. Des sophas, recouverts de kilims de Césarée, meublent le sélamlik comme ils meublent le haremlik; contre les murs pendent quelques cadres, s'en allant tout de guingois et enfermant des parchemins, sur lesquels un calligraphe de Stamboul a inscrit des versets sacrés du Coran; c'est tout.

Mon ami le hodja, assis à l'angle d'un divan, ses pieds déchaussés, croisés sous les cuisses, les yeux mi-clos, dans l'attitude du penseur, fume paisiblement son narghileh.

Il m'accueille avec de vives démonstrations de joie, mais il n'abandonne pas sa position de bouddha indien : il s'alourdit chaque jour davantage, et le moindre mouvement lui est pénible.

— Soyez le bienvenu, mon fils, et puisse le jour qui nous éclaire vous être heureux.

Je m'assieds non loin de lui, j'allume une cigarette et nous demeurons un long instant à nous examiner, lèvres closes; ainsi l'exige l'usage.

C'est lui qui interrompt le premier le silence :

— Qu'y a-t-il de nouveau, mon fils? Vous avez la mine d'un débiteur prêt à faillir ou d'un mari trompé.

Sa boutade l'amuse; il rit d'un gros rire qui le secoue et fait trembler le divan. Alors, moi :

— Ne plaisantez pas, hodja effendi, les moments sont trop graves.

Et je l'entretiens des événements qui se déroulent en Occident; j'avoue ma rage d'assister aux manifestations joyeuses des Allemands, manifestations destinées uniquement à tromper le public turc et à créer en lui des illusions dangereuses.

Hodja Hadji Mehmet effendi prend son temps pour me répondre. Il arrange avec des précautions infinies la braise qui consume le tumbéki du narghileh, puis il parle longuement, en espaçant ses phrases :

— Que vous importent, mon ami, ces démonstrations, si vous avez la conviction de la victoire? L'Allemagne se conduit comme ces riches, à la veille de faire banqueroute, qui donnent des réunions coûteuses et fastueuses afin de soutenir leur crédit chancelant. Notre peuple crie avec elle : *Och! Och!* qu'importe encore; dédaignez ces exclamations de commande. Chez nous la bouche est souvent forcée de mentir au cœur, et nous crions très fort de façon à étouffer les battements de ce cœur en révolte. Notre peuple, peu enclin aux démonstrations spontanées, s'inquiète déjà, soyez-en certain, d'un étalage de force dont le but — il le devine — est de l'éblouir et de l'effrayer. Les Allemands savent flagorner, nos gouvernants sont jeunes, inexpérimentés; ils donnent dans le panneau, tant pis pour eux!

« Nous, les anciens, nous, les humbles, qui réfléchissons plus qu'on ne le pense lorsqu'il s'agit d'actes de nature à porter atteinte à notre religion, nous ne sommes point dupes. Nous obéissons, nous applaudissons quand on nous y oblige, en attendant l'heure, qui ne saurait pas ne pas venir, de la justice. Croyez-en ma parole de religieux et d'homme du peuple, c'est-à-dire de quelqu'un qui vit au milieu des tout petits et les entend : nous ne pouvons oublier que, du jour où l'Allemagne s'est attachée à nous, ou nous a attachés à elle, nous avons perdu la Crète, la Bosnie, la Tripolitaine, la Macédoine, la Thrace, les Iles; et que ce sont les nations de la Triple Alliance et leurs amis qui ont recueilli nos dépouilles. La France ne nous a rien pris. Dans les temps passés, elle nous a sauvés du Russe; aux temps présents, elle a rempli nos coffres de l'or de ses travailleurs.

Je le répète, croyez-moi, cela se murmure tout bas et fait du chemin chez les humbles.

— Alors, vous pensez qu'une réaction se produira et que le peuple se débarrassera d'Enver pacha, du fou qui, sous la férule allemande, croit gouverner en dictateur et livre petit à petit le pays à l'invasion teutonne?

— Par Allah, je ne pense rien de pareil. Le peuple ne bougera pas, car il ignore la révolte ouverte; il obéit, comme la bête, à celui qui commande, même si celui qui commande commande mal, même si celui-ci le meurtrit. Le Turc est un asiatique, vous l'oubliez; il n'a donc pas de ressort et ne sait réagir. L'autorité est pour nous une chose supérieure et formidable, nous en avons une peur irraisonnée et nous ne songeons pas qu'en nous unissant nous en imposerions à cette autorité. Seulement, on ne sait pas, et j'en reviens à mes paroles de tout à l'heure, si ce peuple ne se réveillera pas lorsqu'il saisira que ceux qui le conduisent, le livrent à des chrétiens et ne sont plus, dès lors, des musulmans; lorsqu'il verra sa religion en péril et le Khalifat sur le point de passer en d'autres mains. Alors, on ne sait pas ce qui pourra survenir...

A cet instant la porte s'entre-bâille et une voix cassée de vieille femme avertit le hodja qu'il sera privé de déjeuner s'il ne se remue pas.

— Très bien, très bien, grommelle Hadji Mehmet effendi; et, la porte s'étant refermée, il mime une grimace de dégoût en déclarant :

— C'est la plus âgée de mes deux femmes; elle est jalouse, et vous ne sauriez concevoir combien elle prend plaisir à m'ennuyer.

Nous nous quittons et je m'achemine à

petits pas vers Ortakeuy en réfléchissant aux confidences de mon ami, le hodja obèse. Celles-ci m'ouvrent des horizons immenses.

Ortakeuy, octobre.

O mon cœur meurtri, ô mon cœur ulcéré, tous deux souffrez l'agonie : ma patrie envahie, livrée aux hordes saxonnes, aux pillards et aux assassins; mon foyer chancelant sur le point de sombrer dans la tourmente!

Et il fait encore, aujourd'hui, une de ces splendides journées qui illuminent la nature, une de ces journées si rayonnantes qu'elles apparaissent comme un défi à la créature. Partout, à l'heure actuelle, des mères, des épouses, des sœurs, des fiancées gémissent; à travers l'univers les canons grondent et les montagnes, les plaines, les villes et les villages retentissent de gémissements et de râles! Le sang coule, les hommes meurent, et le ciel rit, défiant, croirait-on, l'infiniment petit qu'est devant lui l'humanité souffrante!

Mais cette magnificence ne s'appareille pas à l'état de notre âme attristée et on ne reconnaît plus un paysage dont le sourire, hier encore, mettait comme un sourire dans notre existence.

Là-bas les vapeurs allemands sont pavoisés; je ne puis m'habituer à ce spectacle, mon être frémit et, les lèvres tremblantes, le bras tendu dans un geste de dément, j'insulte la race abhorrée!

Une exclamation effrayée :

— Effendim!

Bulbul, venue sans tapage s'accroupir près de la porte, une terreur immense au fond de ses yeux, me regarde et me croit devenu subitement fou.

Alors je me ressaisis, je pense à mon amour agonisant et je m'écroule sur le divan.

Bulbul s'est redressée comme un ressort; Bulbul tâche de consoler son maître, Bulbul trompe sa maîtresse, Bulbul, elle aussi, souffrira demain.

Ortakeuy, 8 octobre.

Les hommes réformés ou exemptés avant la guerre, ayant été avertis d'avoir à se rendre à l'hôpital français du Taxim, pour y passer un nouveau conseil de révision, je me présente devant la commission.

L'examen est rapide; les médecins me tournent, me retournent, m'auscultent, et finissent par me déclarer maintenu parmi les exemptés.

Je cherche à discuter, ils refusent de m'entendre :

— Vous avez la respiration trop courte, vous demeurez un inutilisable.

Nébilé a-t-elle été prévenue, et par qui, de la formalité que j'avais à accomplir ?

J'apprends, à peine rendu chez moi, que ma femme a demandé à plusieurs reprises si j'étais de retour.

Je me précipite dans mon cabinet de travail, bercé de l'espoir qu'elle est là, anxieuse, soumise, disposée à reconnaître ses torts : mon cabinet est vide.

A midi seulement Nébilé s'assied en face de moi à la table de la salle à manger. Elle brûle probablement du désir de savoir, mais je parle des réquisitions militaires et de la saisie de nos chevaux.

— Cette saisie, lui dis-je, va vous contraindre à sortir dorénavant à pied ou à vous servir d'un de ces fiacres infâmes, traînés par des haridelles dont le harnachement est bâti de ficelles et de cordes.

— Ce sera plus amusant, répond-elle.

Puis, hésitante, elle ajoute :

— N'est-ce pas aujourd'hui que vous avez passé le conseil de révision?

— Oui.

— Vous êtes refusé?

Je m'exclame, étonné :

— Comment le savez-vous?

— Je le devine à votre air malheureux.

— Malheureux n'est point le mot, je suis navré.

— Pourquoi?

— Parce que tout m'abandonne.

Nébilé se lève et, toute rougissante, s'approche de moi.

— Tout? Quelle ingratitude! Je vous reste, cependant.

Elle se courbe un peu; je l'enlace, l'attire sur mes genoux et je lui parle tristement :

— Mignonne, vous me restez, mais en révolte; et cette révolte, c'est de l'abandon et de la cruauté. Vous abusez de ce que je suis faible sous vos regards; pourquoi agissez-vous de la sorte, ne m'aimez-vous donc plus? S'il en est ainsi, dites-le, je m'éloignerai, je retournerai en France; là-bas, je me rendrai peut-être utile, peut-être même parviendrai-je à m'enrôler.

Nébilé se serre contre moi, sa main se crispe sur ma poitrine :

— Taisez-vous, vous m'appartenez et rien ne doit nous séparer.

— Cependant vous faites chambre à part.

— Il le fallait.

— Il le fallait, et pour quelle raison?

— Je tousse, vous vous en êtes aperçu, et le médecin m'a conseillé de me séparer de vous qui avez de temps à autre des accès de fièvre. Je ne vous ai pas dit ceci plus tôt, car il me plaisait de vous tyranniser un peu, mais croyez-vous, vilain, — et elle baisse la voix pour achever sa phrase, — qu'en exécutant l'ordre du docteur je n'ai pas été malheureuse?

J'attache peu d'importance à cette confidence qui me reviendra plus tard à la mémoire et me remplira de remords, mais je m'imagine que l'aveu de ma douce épouse est une manière à elle de renoncer aux opinions politiques qui nous divisent :

— Ah! mignonne, avec quelle impatience j'attendais ce moment, j'étais persuadé que vous ne tarderiez pas à admettre que le bon droit n'est pas du côté allemand...

Les traits de Nébilé se durcissent soudain; les yeux méchants, elle réplique :

— Vous vous trompez, nous ne serons jamais d'accord sur ce sujet!

— Acceptez du moins une discussion loyale...

Elle m'interrompt brutalement :

— Discuter quoi?... Les Anglais ont-ils, oui ou non, gardé le *Réchadié* et le *Sultan Osman*, des cuirassés payés sou à sou par notre peuple? Les Allemands nous ont-ils donné en échange le *Gœben* et le *Breslau* pour nous démontrer leur amitié et nous permettre de nous défendre contre la Grèce? La France soutient-elle cette dernière puissance dans la question des Iles? Est-il vrai, enfin...

Je l'interromps à mon tour :

— Vous me narrez là des histoires à dormir debout; si vous consentez à m'accorder toute votre attention durant quelques minutes, je me fais fort...

Nébilé ne m'écoute plus. De ses mains elle

cache ses oreilles pour ne pas entendre mes paroles et se retire sans me regarder.

Nous revoilà ennemis. Cette situation doit cesser. Le temps fuit, emportant avec lui des heures que nous regretterons amèrement d'avoir perdues en futiles querelles. Il me faut réagir, mais comment?

Le lendemain.

Je me rends de bonne heure chez Enisse pacha et tout de suite je lui explique le but de ma visite matinale. Il s'agit de sa fille, de la conduite incompréhensible et dangereuse de ma femme. Je suis à bout, non pas de patience mais de courage, car je ne vois pas bien le moyen de mettre fin au malentendu absurde qui nous divise. Le pacha m'écoute attentivement, tout le visage tendu par un sourire ironique. Lorsque je mets fin à mes doléances, il me dit :

— Vous êtes seul responsable de la situation dont vous vous plaignez. Nébilé connaît trop votre attachement pour elle et la puissance de ses charmes. Vous ne vous faites pas faute de le lui montrer et elle en abuse; vous employez avec elle des méthodes européennes, car, quoique vous soyez entré dans la grande confrérie musulmane, — Dieu en soit loué mille fois ! — vous paraissez ignorer encore tout de nos mœurs et, peut-être bien, de la mentalité de nos femmes.

« Vous rappelez-vous une conversation que nous eûmes ensemble le soir où je vous acceptai pour gendre? Permettez-moi de vous la rappeler. Je vous dis alors : « Vous êtes jeune et vous arrivez d'un pays où l'homme accorde à la femme une liberté excessive, si excessive même que demain, cette femme, oubliant la nature de ses devoirs, se retournera contre le mâle, mettra tout en œuvre pour usurper ses fonctions et son autorité. » C'est ce qui s'est produit. Nébilé ose opposer ouvertement ses idées aux vôtres et suppose sa conception des choses supérieure à la vôtre. Elle agit en écolière qui discute avec ses aînés les questions qu'elle étudie pour la première fois, et qu'elle s'imagine être la seule à bien connaître. Nébilé est, vous en avez malheureusement des preuves, une ardente patriote. Sa jeunesse l'illusionne sur la valeur de notre nation, ou plutôt des hommes qui sont censés représenter cette nation, et sur le rôle qu'elle est appelée à jouer dans le monde islamique. Elle fréquente votre ami Ruchdi et se laisse emplir la tête des histoires que répandent les cyniques Allemands. On lui a assuré que l'Allemagne nous aide à restaurer notre

Empire, que le *Gœben* et le *Breslau* ont affronté mille périls pour venir nous sauver, alors que ces navires se sont tout bonnement réfugiés chez nous. Notre devoir de neutres était de les désarmer et il nous en cuira d'avoir profané cette neutralité. Votre femme reniera ses opinions actuelles le jour où, comme nous tous, elle se rendra compte du rôle néfaste que la Double Alliance tend à nous faire jouer. En attendant ce jour, d'après moi peu éloigné, sortez davantage; ayez l'air d'ignorer les bouderies de Nébilé, de les prendre à la légère et de chercher ailleurs des distractions et des consolations. La curiosité et, bien vite après, la jalousie, vous changeront cette gamine qui croit, par un patriotisme déplacé, devoir placer l'amour de son pays au-dessus de l'amour qu'elle ressent pour son mari.

Ortakeuy, 15 octobre.

Quoique nous soyons mariés depuis bientôt trois ans, Nébilé a conservé des habitudes essentiellement turques. C'est peut-être la fréquentation d'intérieurs demeurés musulmans vieux genre qui ne lui a pas permis de s'en affranchir. Ainsi, lorsqu'elle s'ennuie ou encore qu'elle brode et qu'il lui déplaît de rester seule, elle exige près d'elle la compagnie des halaïks Bulbul et Kadrié. Celles-ci s'accroupissent non loin de la causeuse où elle est assise et toutes trois bavardent, telles des amies. Aucune distance n'existe plus entre la maîtresse et les servantes. Les servantes s'expriment avec force gestes sur des futilités ou les potins du quartier et, la licence de langage étant très grande chez les filles du peuple, elles racontent, sans y mettre malice, des histoires souvent risquées. Alors ce sont des éclats de fou rire. Cette familiarité n'empêchera pas une maîtresse de tancer vertement, une heure plus tard, la halaïk coupable d'une vétille.

La familiarité en question a provoqué, cette après-midi, une scène pénible qui m'a été rapportée par la coupable elle-même, une Bulbul éplorée, mais non repentante. Mon devoir était de la sermonner, je ne m'en suis pas senti le courage, car Bulbul, petite porcelaine de Saxe aux membres délicats, aux larges et étranges yeux, a combattu pour son maître et a cru bien agir.

Nébilé, paraît-il, lisait à voix haute les journaux turcs remplis d'articles glorifiant les Teutons et chantant leurs victoires. Bulbul, qui est en très bons termes avec Mehmet et se pique donc d'avoir des opinions francophiles, s'est permis de murmurer :

— Tout ça, c'est des mensonges.

Une première fois, Nébilé l'a simplement rabrouée d'un : « Tais-toi, sotte. » Mais Bulbul s'entêtant à répéter : « Tout ça, c'est des mensonges, et un péché d'y croire », Nébilé lui a enjoint de s'éloigner. Bulbul n'a alors rien trouvé de mieux que d'ajouter :

— Moi, si mon mari était même un *Moscoff*, je préférerais son peuple à tout autre peuple par amour pour lui.

Elle achevait à peine sa phrase que mon admirable épouse, la douce compagne dont les yeux n'ont jamais eu que des éclairs de bonté tendre, a giflé sa servante.

Le fait me sembla invraisemblable, mais Bulbul était là, devant moi, qui sanglotait.

Je lui demandai, ému :

— Tu souffres?

— Non.

— Pourquoi pleures-tu?

— Parce que je n'ai jamais été frappé auparavant; à présent, j'ai honte de moi-même.

Une profonde pitié m'a remué le cœur et, sans songer à mal, j'ai caressé la pauvre joue meurtrie.

Jamais je n'oublierai le regard extraordinaire que me valut cette caresse, regard de fiévreuse, regard d'amour ou d'épouvante, regard de la femme prête à se livrer, regard perdu de l'être qui sombre!...

Nébilé a regretté l'acte fabuleux dont sa mignonne main se rendit coupable. Elle a payé son geste trop brusque : la broche, qui épingle d'habitude son corsage, est transférée ce soir au col de Bulbul...

Plus tard, seul au fond de mon cabinet, dans le solennel silence que la fermeture des

Détroits a mis sur la ville et le Bosphore, je réfléchis douloureusement.

Qui me rendra ma mignonne Nébilé telle qu'elle était, telle qu'elle doit être encore au fond de son âme, en dépit d'elle-même et de ses mauvais conseillers? Je soupçonne Macboulé hanoum, musulmane fanatique et peu instruite, d'exciter en ma crédule épouse le dégoût de l'européen, dans le but de la détacher du faux converti qu'elle soupçonne peut-être en moi.

Je ne doute pas de la stérilité de ses efforts, mais je souffre de la révolution apportée dans l'existence heureuse de l'enfant délicate et sensible qu'est Nébilé.

20 octobre.

J'ai mis en pratique les conseils de mon beau-père. Je sors continuellement et, l'autre jour, Kadrié s'étant trouvée sur mon passage, je lui ai demandé, en confidence, d'informer une dame — une frènque (1), — qui se présenterait durant mon absence, qu'étant appelé à Péra par une affaire urgente je la priais de me rencontrer, le lendemain à trois heures, à l'endroit convenu. Bien entendu, aucune dame n'est venue, et bien entendu encore Nébilé a été avertie sans retard de la commission confiée à sa servante.

Aux heures des repas je bavarde, très gai, ou j'affecte une mine soucieuse; j'examine à chaque instant l'heure à ma montre comme si j'étais talonné par l'impatience. Ce manège, je le constate aux froncements de ses sourcils, inquiète ma bien-aimée.

Elle a même, parfois, une pauvre petite figure si anxieuse que, pour un peu, je me

(1) Étrangère.

démasquerais. Ensuite je songe qu'il s'agit de mon bonheur et j'impose silence à ma sensibilité.

Ma conduite produit d'autres résultats, miraculeux : Nébilé n'est plus si avide de recevoir les journaux et elle sort moins fréquemment...

Épierait-elle mes mouvements? En rentrant, tout à l'heure, j'ai vu son divin visage se retirer brusquement d'une fenêtre dont le kafèss (1) était relevé.

Ortakeuy.

Je lisais dans les derniers numéros du *Temps* qui ont pu nous parvenir — ils vont du 18 au 24 septembre — les atrocités prus-

(1) Grillages qui garnissent les croisées des maisons musulmanes.

siennes en Alsace et en Belgique et, tout frémissant, je m'exclamais : « Oh! les monstres, les brutes, les infâmes! » quand Nébilé, pénétrant dans mon cabinet, s'est accoudée au dossier de mon fauteuil :

— Que vous arrive-t-il, effendim? a-t-elle demandé, surprise d'nne véhémence qui ne m'est pas coutumière.

Je lui ai tendu un des journaux en lui indiquant l'article où sont relatées les abominations allemandes.

Elle l'a parcouru attentivement, puis :

— Si tout cela est vrai, c'est horrible, a-t-elle déclaré.

J'ai repoussé mon fauteuil, décidé, devant ce « si », impossible à admettre, à une explication et... je me suis tu, parce que Nébilé a feint de voir, dans ce recul du fauteuil, une invite à s'asseoir sur mes genoux comme l'autre soir; parce que mes yeux rencontrèrent les siens; parce qu'une mélancolie pleine de grâce était peinte sur ses traits; parce qu'elle a murmuré d'une voix plaintive et émouvante :

— Chéri, ne discutons pas ce soir, je me sens misérable et je suis triste. Vous me gronderez à un autre moment et je me plierai à vos décisions. Je suis ici pour vous annoncer que, ne toussant plus, je voudrais reprendre mon ancienne place dans notre chambre.

— Est-ce bien ce rhume de rien du tout qui vous l'a fait déserter?

— Chut! chut! ordonna-t-elle et, malgré les abat-jour des lampes qui rejetaient ma Nébilé dans la pénombre, je vis ses joues s'empourprer de flammes.

Je lui souris et la serrai contre moi, et elle m'accorda le plus doux des baisers.

Vendredi 30 octobre 1914.

Depuis que, sous peine de passer en conseil de guerre, il est défendu de colporter des nouvelles se rapportant aux armées de terre et de mer, les histoires les plus ridicules, les plus fantastiques et les plus terribles volent de bouche en bouche. Le bekdji (1) de notre quartier écarté a la spécialité des informations abracadabrantes; nous l'avons surnommé en conséquence « le journal pour rire ».

Aujourd'hui Mehmet me rejoint à l'heure de mon premier déjeuner et m'informe d'un air mystérieux que la guerre entre la Turquie et la Russie est une question d'heures.

(1) Veilleur de nuit.

D'ordinaire j'oppose aux racontars de notre cocher, — porte-parole du bekdji, — une phrase toujours la même :

— Méfie-toi des bavards, ils sont, pareillement à toi, victimes d'une imagination désordonnée.

Cette fois-ci, cependant, et probablement parce que j'ai eu vent des tractations auxquelles sont soumis les Turcs, je l'interroge :

— Que sais-tu?

— Voilà, le *Yavouz Sultan Sélim* et le *Midilli* (autrement le *Gœben* et le *Breslau*) ont bombardé Odessa, Sévastopol et Novorossisk.

— Tu es fou?

— Non, maître, plût à Allah qu'il en fût ainsi; c'est la pure vérité, aussi vrai que mon père se nommait Mahir le boucher. Aman, puisse Dieu nous protéger.

— Je le répète, tu es fou; qui t'a raconté cette histoire?

— Personne et tout le monde.

Et Mehmet a un ton si convaincu et l'événement, s'il est réel, sera si grave de conséquences, que je décide d'aller aux renseignements chez Hamdi pacha, le père de Ruchdi, de Ruchdi, l'âme damnée du Comité Union et Progrès qui livre sans pudeur tout l'Empire à la rapacité des Allemands.

Chez Hamdi pacha le domestique nègre, recueilli à l'époque où les Jeunes-Turcs dispersèrent les eunuques du Yildiz, m'introduit dans un salon où la première personne qui s'offre à ma vue est Ruchdi bey lui-même.

Je m'exclame :

— Est-ce vrai?

Sans me permettre de compléter ma pensée, le pacha répond :

— C'est terriblement vrai!

— C'est donc la guerre avec les puissances de la Triple Entente.

— Sans doute.

— Mais c'est de l'extravagance, c'est courir de gaieté de cœur à la ruine définitive; comment le gouvernement s'est-il décidé à se jeter dans cette grave aventure alors qu'il n'est pas en état d'entreprendre une guerre?

Ruchdi bey, affalé sur un siège, la mine consternée et égarée, s'écrie en secouant les bras :

— Le gouvernement ignorait le coup, qui a été préparé à Berlin; l'amiral Suchon a agi sans ordres de notre ministère, j'en ai eu les preuves formelles, certaines, cette nuit, lorsque, ayant appris la chose d'un ami, au Cercle, j'ai téléphoné au ministre de la Marine.

— S'il en est vraiment ainsi, sévissez contre l'amiral, désavouez-le et enfermez-le, lui et ses navires, dans la mer Noire.

— Nous ne le pouvons pas!

— Qui vous en empêche?

— Nous ne sommes plus les maîtres chez nous; nous nous sommes livrés aux Allemands et nous voici obligés de les suivre dans leur folle équipée. Nous en subirons les conséquences, à moins que...

— A moins que?...

Ruchdi refuse de s'expliquer.

Hamdi pacha marche de long en large comme un fauve en cage.

— Je le disais bien, gronde-t-il, qu'ils vendraient l'Empire; les monstres, les monstres!...

Je suis sur le point de m'éloigner, Ruchdi m'arrête :

— Combien je m'en veux de mes sympathies allemandes, combien je me maudis d'avoir dédaigné les conseils des amis de l'autre camp, et combien d'autres, en dehors de moi, se désespéreront. Voyez-vous, ce qui se produit ne doit point vous surprendre, il ne peut en être autrement dans un Empire où personne ne considère la grandeur et la gloire de la patrie, où l'ambition personnelle, le besoin de gloriole priment l'intérêt du pays. Nous sommes et serons toujours des gens à courte vue et à idées étroites; ainsi, nous avons aboli, par pique pour l'Europe, des capitulations qui auraient cessé d'exister si nous nous étions ralliés à la Triple Entente; nous avons crié victoire en accomplissant ce coup de tête, alors que ce coup de tête était la première marche de l'escalier sombre qui nous mènera au tombeau. Puisse Dieu nous protéger!

Sa conclusion est celle de Mehmet; tous deux, le soi-disant lettré et l'ignorant, se sentant condamnés, comprennent enfin où les dirige l'orgueil d'Enver, de ce petit capitaine qui commandait en Tripolitaine, mais s'est toujours tenu loin du feu des combats!

Ortakeuy, même jour.

Dans les rues la foule ordinaire, mais une foule silencieuse et morne; chrétiens et musulmans sont atterrés.

C'est la guerre; cependant, point de ces défilés, de ce tumulte, de ces clameurs qui précédèrent et accompagnèrent la campagne balkanique. Chacun, au contraire, à quelque milieu, à quelque race qu'il appartienne, a l'air découragé et désespéré. Les personnes arrêtées sur le bord des trottoirs parlent à voix contenue, si bas qu'à peine leurs lèvres s'agitent-elles. C'est un jour de deuil : on parle bas dans la chambre des morts !

Des groupes de curieux stationnent devant les ambassades de la Triple Entente, où a lieu un continuel va-et-vient d'autos et de voitures.

Les agents de police donnent mollement l'ordre de circuler.

Chez mon libraire, qui m'accueille par la phrase devenue quotidienne depuis trois semaines : « Pas de courrier, Monsieur », je découvre des gens affolés qui prédisent une catastrophe prochaine, parlent de la nécessité de quitter tout de suite la contrée.

Ces gens sont talonnés par la peur, une peur irraisonnée, une de ces peurs qui précipitent à la déroute, sur les champs de bataille, les régiments, les divisions, les corps d'armée !

Ortakeuy, samedi 31 octobre.

C'est bien la guerre, une guerre que tous les efforts de la mission allemande tendaient à déchaîner. Cependant, l'ottomanisme ne la désirait pas, car il pressent qu'elle lui sera fatale, qu'elle aboutira à une débâcle gigantesque dans laquelle sombrera à tout jamais le khalifat de Constantinople.

Les ambassadeurs d'Angleterre, de France et de Russie s'embarquent ce soir et l'affolement des étrangers a quelque chose de troublant.........

Je rentre de bonne heure, le temps a brusquement changé et j'appréhende un retour de fièvre.

En arrivant à Ortakeuy, je trouve un mot de Nébilé qui m'informe qu'elle est sortie avec Bulbul, mais sera de retour de bonne heure.

Accoudé à ma fenêtre, je l'attends en face du lamentable spectacle de la banlieue lamentable. Malgré la pluie, qui s'annonce par de larges gouttes espacées, la température de l'air est douce : sur l'eau du Bosphore, qui se colore à présent de teintes particulières, des felouques, toutes voiles dehors, espèrent la brise bienfaisante qui, tout à l'heure, bombera les toiles et les poussera vers le rivage.

J'attends, et mon esprit bouillonne d'inquiétudes nouvelles. Ma pauvre Turquie en guerre avec trois colosses dont deux au moins — la France et l'Angleterre — désiraient son existence et sa prospérité.

Comme si cette contrée, dont le peuple, le vrai peuple, n'est point hostile à l'étranger, n'avait pas suffisamment pâti de ses maux passés sans être entraînée à l'abîme par l'abject Teuton, tout plein d'appétits voraces, qui l'étoufferont!

Je songe aux terribles et sanglants moments réservés à mes frères en religion, qui n'ont pas mérité tant d'épreuves!

A ce point de mes réflexions, Nébilé entre

en coup de vent, une Nébilé méconnaissable, les paupières rouges et gonflées, les narines pincées, l'air d'une malade.

Elle se précipite et, la figure cachée sur ma poitrine, s'écrie :

— Chéri! chéri! tu avais raison, on me trompait, les Allemands sont des infâmes! J'ai trompé à mon tour ta pensée, mais je n'ai jamais cessé de t'aimer! Ma faute a été quand même immense, j'aurais dû te croire, toi qui ne m'as jamais menti. Pardonne-moi, effendidjiîm, si tu le peux, pardonne-moi, aman, pardonne-moi!

Et cet appel d'une âme en détresse se termine dans un éclat de rire effrayant, aussitôt suivi de sanglots qui me déchirent.

...Ce cri de désespoir fut entre nous la seule allusion au passé. Jamais je n'adressai de reproches à ma tendre épousée, puisque notre amour, j'en étais à présent convaincu, n'avait été à aucun moment en danger de périr!

Samedi 8 novembre.

On a décidé d'expulser les religieux français, et je me lève à l'aube pour assister au dernier service à la chapelle de l'ambassade. Afin d'égarer les questions de Nébilé, j'ai prétendu aller à Stamboul, à la gare de Sirkédji, voir un ami, un Français qui quitte le pays.

A l'église, les assistants, peu nombreux, — tant de mes nationaux se sont déjà éloignés, — ont tous des visages apeurés, impressionnants.

Et chacun prie et, comme eux, je prie. Je prie le Dieu impérissable et universel avec ferveur, avec amour. Je redis un flot tumultueux de mots appris dans mon enfance, au catéchisme; et je demande à la Vierge souriante de sauver ma patrie bien-aimée!

Je m'en retourne à Ortakeuy. Je pense à ceux qui reprennent le chemin du pays natal, sans envie. Là-bas, rien ne m'espère. Je n'ai laissé sur le sol de France aucun être chéri; là-bas, mon cœur serait dans un désert. Et puis, je tiens à la terre des Khalifes où m'attachent les liens intimes d'un mariage avec l'arrière-petite-fille des conquérants de la luxueuse Byzance; et puis, enfin, je suis maintenant presque un indigène. La pratique de la religion coranique, la fréquentation de ses religieux, des êtres qui m'entourent et dont le tour d'esprit est particulier, ont mis peu à peu dans mes veines comme du sang qui les anime, et les fils invisibles, qui les font si étrangement agir et penser, se sont transmis en moi, m'entravent et me dominent. Toute une influence ténébreuse m'attache à l'Orient. Je suis, semblablement à mes frères d'Islam, un esclave que chaque révolte, chaque essai de rénovation jette plus bas; et je m'enfonce, de jour en jour davantage, dans une torpeur stupéfiante, une inertie qui détériore à mes yeux les choses aimées d'Occident et du passé.

Je me rends compte parfois de tout cela, de cette déchéance de ma volonté, mais, en général, je n'y songe pas et je me livre avec une certaine volupté au bien-être de laisser la vie m'user sans trop de déchirures. Et tous mes plus sincères projets, je les remets à plus tard, avec l'effroi des décisions à prendre, qui changeraient le cours d'une destinée contre laquelle il est inutile de combattre.

Si je réfléchis aux épreuves imposées à la France, je souffre immensément et ma détresse est profonde; cependant l'existence orientale a tellement dépravé mon âme que je sacrifie mon pays à mon amour, alors qu'au loin, en France, les hommes ont tout abandonné pour coopérer au salut de la plus belle des patries.

Des vieillards, des éclopés, ont supplié d'être admis à combattre, et moi... je reste!

O vous, Occidentaux, qui me lirez peut-être un jour, vous qui vivez d'une existence si éloignée de celle d'un Oriental, ne me jugez pas trop hâtivement! Vous ignorez le désordre, le renversement de mentalité qu'apporte à un cerveau le climat oblitérant d'Orient, ce milieu de fatalisme déprimant, où les joies et les souffrances parlent aux sens autrement qu'elles ne parleraient à une âme européenne. Ne me jugez pas. Laissez le temps accomplir son œuvre; le temps, le souverain régisseur des œuvres humaines!

Ortakeuy.

L'horreur de se sentir comme des prisonniers, séparés du reste du monde; l'horreur d'être privé de nouvelles, car c'est en être privé que de devoir se contenter des télégrammes de l'agence Wolff, d'ignorer ce qui se passe sur les champs de bataille européens, de ne rien connaître de l'action près de nous, de subir les potins des uns et des autres, — les optimistes et les pessimistes, — ceux qui affectent du courage et ceux qui sont incapables de dissimuler leur couardise!...

Le gouvernement publie un décret obligeant les sujets des États belligérants à s'inscrire au commissariat de leur quartier, et ce décret provoque le départ en masse d'étrangers dont beaucoup, pourtant, n'ont jamais visité l'Occident. C'est une ruée vers la gare, où les trains, bondés, refusent des voyageurs.

L'angoisse de ceux qui restent s'exagère. Que savent-ils, ceux qui fuient, pour fuir de la sorte, et que se prépare-t-il d'affreux dans l'ombre, pour ceux qui demeurent?

9 novembre.

Hier, aux premières lueurs du jour, les fenêtres des maisons à Stamboul ont été pavoisées, et des émissaires, frappant de porte en porte, invitaient le peuple à se rendre en masse à Fatih. Dans les faubourgs de la rive d'Europe, l'ordre d'accrocher des lambeaux d'étoffe rouge, au-dessus des kafèss, est parvenu plus tard.

Mehmet, admonesté par le bekdji, m'a

demandé congé pour la journée : « il va manifester » ; cela ne l'amuse guère, mais il a peur du comité punisseur qui se nomme cour martiale : une bande d'anciens criminels dont on a fait des justiciers de haine.

La réunion des corporations religieuses et ouvrières et des « embauchés », destinés à grossir le nombre des manifestants, s'opère à Fatih.

A midi, un uléma (1), un député, un ministre prononcent des discours belliqueux : c'est la guerre sainte, l'appel à tout l'Islam. Les fous! Comme si les musulmans des Indes, d'Égypte, de Tunisie et d'ailleurs, ignoraient la valeur du régime turc et du sultan, usurpateur du titre de khalife, qui s'arroge le droit de déchaîner la guerre actuelle au nom du Commandeur des croyants!

(1) Religieux, sorte d'abbé.

Les discours se succèdent : sus aux chrétiens, proclament-ils; et les alliés des Turcs sont des chrétiens, et ce sont ceux-ci qui précipitent les musulmans contre la croix, leur croix, ce magnifique symbole du christianisme!

A l'heure où le soleil se couche, malgré une averse qui tombe par nappes, des milliers d'hommes et d'enfants, portant des bannières, des emblèmes et des drapeaux, — oripeaux lamentables sous la pluie, — remontent dans la direction de Péra.

Lorsque la procession atteint le grand pont, séparant le port proprement dit de la Corne d'Or, les vapeurs sifflent en signe d'allégresse; et ces sifflements retentissent sinistres dans la nuit humide, qui tombe comme un suaire sur un mort.

De la foule en marche des voix s'élèvent, cherchant à encourager les « tièdes » :

— Malheur à nos ennemis, bonheur à nos amis!

Ce cri, cependant, est loin d'être unanime. Il rappelle le Padichahim tchok Yacha (1) poussé par les soldats du sultan Abdul Hamid quand ils partaient en guenilles pour le Yémen, le pays de la mort!

Et le cortège se traîne. A Galata, il se disloque en partie. Ceux qui arrivent à l'entrée de Péra brisent des carreaux, démolissent des étalages. Devant le lycée de Galata-Séraïl, nouvelle scission; le peuple en a assez de claquer des dents sous l'ondée. Il ne reste plus que des braillards de choix, des officiers, des gendarmes et de ces Jeunes-Turcs efféminés, instruits dans nos écoles, affiliés à l'Union et Progrès, qui vendront demain les bijoux de leur mère, dilapideront les dots de leurs sœurs,

(1) Longue vie à notre Padichah.

afin d'échapper au devoir de combattre pour leur patrie : des ingrats et des lâches.

Les voici, ces aristocrates du nouveau régime, en arrêt devant le café-restaurant Tokatlian, — le café Riche de Constantinople, — propriété d'un Arménien sujet russe, mais un Arménien qui a ouvert sa caisse à l'un, obligé l'autre, sauvé le troisième, à l'époque, récente encore, où Kiamil, le Sadrazam, cherchait les membres de cette engeance néfaste à l'Empire pour les détruire ! Les voici devant le luxueux établissement où ils ont reçu l'hospitalité, où ils se sont gobergés, prélassés, monocle à l'œil, en un ridicule essai d'imitation européenne !

Tout à coup un hurlement monte :

— A mort le Russe !

Et, sous les yeux encourageants des agents de police, les officiers, sabre au clair, revolver au poing ; les gendarmes, la crosse des fusils pointés en avant comme des béliers; les civils, avec des barres de fer et des maillets, qu'ils traînent derrière eux depuis Stamboul, s'élancent...

C'est alors un carnage.

Ce ne sont plus des hommes, mais des démons bondissant, les yeux hors des orbites, poussant d'affreuses imprécations, faisant feu de leurs armes et, avec les sabres, les crosses, les barres de fer, saccageant pour la volupté bestiale de détruire et parce que, surtout, leur œuvre sauvage restera impunie!

Ah! si ces « charognards » avaient rencontré en face d'eux des hommes armés, ils auraient fui, car ils conservent, depuis la retraite de Kirk-Kilissé, la terreur de la mort, du paradis promis par Mahomet!

...Ceux qui assistèrent à cette ruée eurent une minute effroyable d'angoisse, de colère et de dégoût!

Ortakeuy, deux jours plus tard.

Les journaux de langue turque, et tout particulièrement le *Tanine,* — organe attitré du parti Union et Progrès, — publient de violents et venimeux articles contre les ressortissants de la Triple Entente. Ils se montrent surtout acerbes contre les Anglais et conseillent de procéder à l'internement de ceux qui n'ont pas suivi la foule des fuyards épouvantés.

Le gouvernement, de son côté, songe, m'a confié Ruchdi bey, à interdire aux Anglais, aux Français et aux Russes de sortir de l'Empire; ils seront, en réalité, des prisonniers de guerre.

O mon doux frère d'Islam, l'étranger trouvait chez toi une seconde patrie et s'attachait à ton pays comme à son sol natal. Il vieillissait sous ton ciel clément et acceptait de mourir entre tes imposantes mosquées et les cyprès sombres qui parlent d'éternité. Il acceptait de dormir son dernier sommeil aux côtés de ses amis musulmans, pour ressusciter avec eux, purifié, au jour promis du jugement dernier et des félicités suprêmes.

Et, aujourd'hui, tu le chasses, cet hôte sacré qui t'apporta l'instruction, le progrès, la richesse. Prends garde!

O mon doux frère en Mahomet, réveille-toi, il en est temps encore! Soulève-toi comme se sont soulevés, en des élans magnifiques, les peuples fatigués d'être les victimes des fourbes et des vendus; soulève-toi contre ces gouvernants qui trafiquent de ton territoire, de ta chair, de ton sang, de ton droit d'invoquer le Dieu choisi par tes ancêtres!

O mon frère, n'oublie pas les paroles de Brennus, si tragiques en leur concision : *Væ victis*, toi qui as connu les pires défaites, le vaincu de Salonique, de Janina et d'Andrinople!

Demain tu livreras, jusqu'à la fin des temps, tes derniers combats; aie peur, mon frère, et tremble si tu refuses d'entendre la voix de la sagesse qui, pour toi, s'appelle la révolte!

Ortakeuy.

J'ai donné à lire à Nébilé tout ce que les grands quotidiens parisiens, reçus jusqu'ici, ont publié sur la guerre.

Le récit des cruautés commises par les vautours allemands l'a souvent fait pleurer; elle songe alors à sa patrie comme y songe actuellement la majorité des musulmanes, qui sont, chose étrange, plus patriotes que les hommes...

Son père, Hamdi pacha, hodja Hadji Mehmet effendi, se réunissent à présent chez nous le soir, et nous discutons devant elle des événements qui se préparent, du drame à la veille de se jouer, sans autre but que de livrer des Turcs au trépas et d'accélérer le déclin de l'Empire ottoman.

Maintenant, ma femme réalise combien injuste était sa haine des Anglais et de mes nationaux, combien honteuse son admiration pour une race qui produit des bourreaux d'enfants.

Son plus cuisant remords, m'assure-t-elle dix fois le jour, est de m'avoir torturé; et j'ai beaucoup de peine à la convaincre que tout est oublié depuis longtemps.

Alors elle met sa joue contre la mienne et soupire :

— Mon seul amour!... Mon seul amour!...

Douce mignonne que j'ai failli perdre, yeux de mes yeux, amante et épouse bien-aimée, tu m'es revenue par un chemin terrible : le glaive de la guerre sur ton pays ravagé, mais te serais-tu éloignée définitivement de moi que mon amour inguérissable te serait resté.

Quelquefois, alors que le temps humide et lourd accable la créature, tu t'endors, divine compagne, la tête sur mes genoux : j'abandonne aussitôt mon livre pour t'admirer.

Tes longs cils dessinent une ombre sur tes joues, ta bouche est entr'ouverte, ta poitrine se soulève...

Je m'incline avec précaution, de peur de t'éveiller, pour baiser ton front qui a la blancheur du marbre.

Tes joues, ce soir, me semblent amaigries; des rougeurs étranges, dirait-on, en font saillir les pommettes. Serais-tu malade? Non, c'est un effet de la lumière des lampes...

Ma songerie t'abandonne; elle voyage, tournoyant autour de tout ce qui attriste le monde, comme le papillon tournoie autour de la flamme qui le blesse, mais l'attire et le fascine, jusqu'à ce qu'elle le détruise.

Je songe aux batailles, aux êtres qui luttent, à ceux qui souffrent, à ceux qui meurent...

Ces pensées m'oppressent et des pressentiments mauvais m'assaillent; j'ai envie de pleurer de détresse.

Nébilé rêve. Elle murmure des paroles incohérentes; ses lèvres se plissent, tristes, puis elle sourit...

Au fond de notre quartier paisible, c'est le silence d'une nuit de calme en pleine mer et, dans la chambre, la respiration à peine sensible de Nébilé résonne bruyante.

Tout à coup, dehors vibre un son effrayant. C'est le daoul (1), ensuite le cri du tapeur appelant aux armes.

Nébilé tressaille, se réveille, tend les bras...

Ortakeuy, 14 novembre.

Les journaux annoncent la perte de trois transports ottomans coulés, au large de Zoungouldag, en mer Noire, par la flotte russe. Le communiqué ajoute que ces navires ne transportaient pas de troupes.

Cependant on chuchote que cette assertion est fausse. En réalité, plus de deux mille hommes ont été victimes de l'imprévoyance du gouvernement, car aucune des unités de

(1) Tambour primitif.

la fameuse escadre ottomane ne convoyait les transports. On ajoute très bas, des lueurs de ressentiment dans les yeux, que ces deux mille hommes étaient tous des musulmans; seulement, l'amiral Suchon, le grand maître de la marine, a jugé inutile d'exposer les sujets du kaiser pour protéger les alliés ottomans.

Dans les familles turques, c'est un cri d'horreur et d'indignation. Et ce désastre m'a permis de rectifier le jugement téméraire porté contre Macboulé hanoum. J'étais persuadé qu'elle avait travaillé, de concert avec son mari, à m'aliéner ma femme en lui inspirant l'admiration des Allemands. Je me trompais; j'en ai eu, tout à l'heure, la preuve évidente.

Nous étions réunis chez Hamdi pacha et chacun de nous déplorait la catastrophe lorsque Macboulé hanoum s'est exclamée :

— Ah! Ruchdi, combien ceci confirme ce

que je vous disais, ce que disait mon père : nous servons d'outils aux Allemands, notre chair, notre sang sont pour eux négligeables, et ils n'exposeraient pas un seul de leurs nationaux pour sauver l'existence à cent des nôtres... Qu'avez-vous fait, vous et vos amis?

Ruchdi se tait. Nous apprendrons un jour, sans doute, les raisons de ce mutisme.

16 novembre.

Personne ne s'explique l'espèce de folie furieuse qui a saisi les gens au pouvoir. Ils ont ordonné la destruction du monument commémoratif élevé par les Russes à Galataria, sur les hauteurs de San-Stéfano, à la mémoire des soldats tombés durant la guerre de 1877. Cette destruction s'est effectuée à coups de dynamite et de canon.

Lorsque la colonne s'est écroulée, les vandales, des soldats commandés par un misérable officier allemand, ont violé les sépultures, déterré et jeté aux vents les ossements des morts; et, cette profanation leur paraissant insuffisante, ils ont promené les crânes des héros à la pointe de leurs baïonnettes, à travers la paisible bourgade de San-Stéfano!

Cette profanation semblerait invraisemblable si les Allemands ne régnaient pas à Constantinople.

Les morts dont on trouble le sommeil se vengent, dit-on; attendons donc, confiants, l'heure du châtiment.

Ortakeuy.

La police est sur les dents. On soupçonne un inconnu de posséder chez lui un appareil de télégraphie sans fil, et de s'en servir pour tenir la flotte russe au courant des mouvements des cuirassés turco-allemands. On perquisitionne partout et ces perquisitions auraient quelque chose de plaisant si elles n'étaient pas généralement tragiques. On a arrêté un malheureux Anglais chez lequel on a découvert des fils de fer provenant d'un appareil d'enfant, acheté dix-neuf francs. On l'a emprisonné, lui et son fils, un gamin qui se rend encore à l'école. C'est le suprême du ridicule.

Chacun est soupçonné, pour une bagatelle, de méfaits et de trahisons, et les Vieux-Turcs — ceux que nous traitons de réactionnaires — se terrent chez eux dès le soleil couché, comme au temps d'Abdul Hamid. Le pavé appartient aux Allemands, qui gouvernent en despotes, et aux Jeunes-Turcs leurs amis, ces amis qu'ils écraseront sous leurs bottes, si la victoire leur sourit sur les champs de bataille occidentaux.

Nous supprimions les réunions du soir, de crainte d'attirer des ennuis aux anciens de la famille et hodja Hadji Mehmet effendi n'ose plus me recevoir : je suis un Français dont de trop fréquentes visites seraient tout de suite remarquées par la police secrète aux aguets.

Ruchdi bey semble disposé à défendre de nouveau la cause allemande. Nous n'en sommes pas surpris quand une indiscrétion nous apprend que la Deutsche Bank lui a ouvert un compte.

L'or, pour un Turc, possède un attrait immense; rien n'y résiste, ni passion, ni patriotrisme!

Nébilé me confie que Macboulé hanoum est désespérée de l'attitude de son époux et qu'elle a décidé de se retirer chez ses parents, aux environs de Brousse.

Péra prend l'aspect d'une bourgade allemande; des boutiques de charcuterie avec des enseignes en langue teutonne s'ouvrent un peu partout; dans les rues, les tramways, les trains, les bateaux, les gens que l'on rencontre baragouinent tous la langue abhorrée. C'est à en pleurer. Et, en dépit de mon attachement à la race à laquelle appartient ma tendre Nébilé, je souhaite le châtiment des Turcs au pouvoir et de ceux, trop faibles, qui leur ont abandonné ce pouvoir.

J'explique à Nébilé pourquoi je crains la déchéance pour son pays; comment les Allemands trompent les neutres et leurs alliés; comment ils les immoleront, demain, à leurs intérêts, sans pudeur et sans remords.

Je parle et Nébilé m'observe d'un air très doux, plein de tristesse. C'est que la lumière s'est faite en son esprit et elle devine à présent ce que coûtera à sa patrie l'amitié des barbares; et, à mesure qu'elle comprend mieux, son amour pour moi augmente; à cet amour se joint un sentiment de reconnaissance pour le sacrifice que je consens de vivre au milieu de mes ennemis, de supporter leur arrogance et leurs mensonges, pour elle.

Ortakeuy.

Je croise Bulbul au fond d'un couloir, Bulbul au pas léger, qui va silencieuse d'un bout à l'autre de la vaste maison comme une âme à la recherche d'une âme, Bulbul qui, depuis la déclaration de guerre, ne s'aventure plus près de moi.

A mon approche elle s'adosse au mur et baisse le front.

Je m'arrête :

— Bulbul...

— Maître...

— Qu'as-tu?

— Rien, Maître.

— Pourquoi ne me souris-tu plus?

Alors, Bulbul lève ses yeux, ses yeux lourds et noirs et profonds, et me lance ce regard extraordinaire de l'être qui sombre dans la détresse, où l'épouvante se marie à quelque chose d'intraduisible. Est-ce de la frayeur et a-t-elle commis, la sauvage Circassienne, un acte délictueux dont elle craint la découverte? Mystère!

Je répète ma question :

— Qu'as-tu et pourquoi ne me souris-tu plus?

Elle bégaie très bas :

— Le Maître est heureux et la lumière du soleil éclipse le rayon d'une étoile.

Où petite Bulbul a-t-elle été trouver cette figure poétique pour expliquer que son humble sympathie perd ses droits devant le glorieux amour de sa maîtresse?

Je l'observe attentivement et, interloqué, ne sachant que répondre, je dis :

— Je veux te voir souriante; le monde, au dehors, est triste et mon entourage doit m'aider à oublier momentanément cette tristesse.

Bulbul s'exécute, mais quel sourire navré elle m'offre!

Je tends la main pour saisir une des siennes, elle s'efface contre la muraille, s'échappe en courant. Le bruit de ses sandales, glissant sur le parquet, s'éloigne, s'éteint...

Je regagne mon bureau. Je m'accoude à la

fenêtre. C'est l'heure crépusculaire, l'heure grise où l'âme s'emplit facilement de mélancolie. Aucune rougeur n'indique dans le ciel, où fuient de pesants nuages chargés de pluie, le coin où le soleil s'éteint. Le décor est sombre comme l'année qui finit. Notre jardin ressemble à un champ en friche et des feuilles jaunies, qui pendent lamentables aux branches des arbres, des gouttes d'eau perlent une à une. En face, la côte d'Asie se distingue à peine; une brume noire s'étend au-dessus du Bosphore sur lequel scintillent les fanaux des navires ancrés là pour des semaines et des mois encore.

Que tout cela est désolé et quel silence sur cette désolation des choses! Et je songe que dans presque toutes les maisons de bois, agrippées aux flancs des collines, des femmes pleurent comme des femmes pleurent en Europe et pour un même motif. La guerre réunit en une identique souffrance le cœur de milliers de mères, de sœurs, de filles et d'amantes; et la religion de ces cœurs crucifiés disparaît dans l'union de leur incommensurable affliction.

Brusquement, derrière moi, des cris retentissent : Effendim! Aman effendim!

C'est encore Bulbul. Elle a la mine retournée et je présage une nouvelle querelle domestique :

— Qu'arrive-t-il?

— Aman, aman, la hanoum effendi est malade, très malade, venez vite!

Nébilé malade? Je l'ai laissée, tout à l'heure, en parfaite santé! Je me précipite en recommandant à la halaïk d'envoyer Mehmet chez le docteur Arif bey.

... Nébilé est étendue aux pieds de la coiffeuse, pâle, pareille à une de ces mortes que

les orthodoxes promènent, par les rues, dans des cercueils ouverts.

Kadrié, agenouillée auprès d'elle, gémit :

— Ma petite maîtresse, oh! ma petite maîtresse!

Je saisis bien doucement le corps de ma douce aimée pour la porter sur le lit et puis, saisissant au hasard un flacon de senteur, je bassine fébrilement ses tempes.

Pourquoi Nébilé est-elle si affreusement pâle?

Je baise ses paupières que je voudrais voir s'ouvrir, j'étreins ses mains fluettes qui demeurent inertes. Je tremble qu'elle ne soit morte, oubliant qu'à l'instant, l'oreille sur sa poitrine, j'ai entendu battre son cœur.

Je lui soulève la tête et, comme Kadrié tout à l'heure, je la supplie :

— Mignonne Nébilé, ma chérie, réveille-toi, je le veux... Dis-moi, souffres-tu?

Je caresse ses joues :

— Ouvre les yeux, mon amour, ouvre-les...

Mais elle garde son effrayante immobilité et, ses cheveux s'étant dénoués, elle ressemble davantage à une de celles qui ont entrepris le grand voyage.

Je perds la tête, je la secoue avec rudesse :

— Réveille-toi, il le faut.

Ensuite, honteux de ma brutalité, j'invoque son pardon en sanglotant.

Enfin le médecin arrive, je m'élance :

— Docteur, ma femme est morte, entendez-vous, morte !...

Et je m'effondre sur le sol.

Nébilé a repris connaissance. Cependant le docteur Arif bey a la mine soucieuse en se retirant et il recommande d'éviter des émotions à la malade.

Ortakeuy, 20 novembre.

— Vous avez eu grand'peur, n'est-ce pas? me demande Nébilé le lendemain.

— Non, j'ai bien vu qu'il s'agissait d'un léger évanouissement de rien du tout.

— Bien vrai, et si j'étais morte?

— Taisez-vous, on ne meurt pas à vingt-deux ans.

— Pourtant, j'ai eu la sensation de m'en aller pour ne plus revenir.

Ensuite, reprenant son idée première :

— Alors, vous n'avez pas eu peur?

— Non.

— Le menteur! Les servantes m'ont tout raconté. Alors, effendidjiîm, avouez vite, vite!

Je narre donc à ma Nébilé encore pâle, mais toujours ravissante, les émotions qui m'ont bouleversé. Je ne lui dis pas que mon cœur est plein de suppositions folles et sinistres, que les réticences du docteur m'empêchent de dormir et que Dilara hanoum, qu'Enisse pacha, en dépit de leurs visages souriants, partagent mes alarmes.

Arif bey, qui, le lendemain de l'accident, a soigneusement ausculté la malade, a parlé de soins spéciaux, de constitution et de poitrine délicates; et ce qui nous épouvante, c'est que, depuis cet affreux évanouissement, Nébilé a recommencé à tousser, une toux curieuse, peu violente, mais qui se déclare par accès et lui marbre les joues de taches vives.

Aucun de nous n'ose entretenir les autres de ses inquiétudes. Nous nous regardons, les parents et moi, misérablement, et soupirons à tour de rôle.

— Que peut-elle bien avoir?

Aucun de nous ne livre les préoccupations de son esprit, aucun de nous ne répond.

Nébilé ne se plaint pas, elle se sent simplement fatiguée et déclare aspirer à dormir longtemps, longtemps !

Aussi se lève-t-elle très tard dans la journée et ne quitte-t-elle pas le boudoir près de sa chambre. Elle me désire continuellement auprès d'elle, car, aussitôt seule, elle est envahie d'idées baroques et tristes.

22 novembre.

Une aube noire dans une pluie fine et malsaine; des ombres tremblantes descendent des hauteurs de Péra, franchissent le pont et se dirigent vers la gare de Sirkédji.

Ces ombres sont nombreuses et leurs petites voix chagrines animent le silence des rues et des places vides et encore endormies. Ces ombres falotes sont de modestes religieuses, des religieuses qui ont apporté, beaucoup, beaucoup d'années auparavant, leur bonté, leur charité, leur science, en cette contrée ennemie de l'instruction.

Un jour, on a envahi leurs demeures, leurs temples; on a saisi leurs biens, et on leur a dit :

— Allez-vous-en !

Cela brutalement, cruellement, oubliant le bien répandu par elles sur les pauvres et les malades de toutes croyances, sans se lasser, durant des dizaines et des dizaines d'années ! Et, dépossédées, précipitées à la rue, elles partent, désemparées, comme des oiseaux qu'on aurait jetés hors de leur cage et qui ne savent plus agiter leurs ailes pour s'envoler en des pays nouveaux !

La rue, la gare, le mouvement autour

d'elles, tout les apeure. Il y a si longtemps que leurs yeux n'étaient plus habitués à ces choses. En dehors des murs du couvent, et du vaste jardin où s'ébattaient les novices et les élèves, elles croyaient que tout était solitude, car elles avaient perdu la notion de la vie hors de ces murs et de ce jardin !

Ah ! le cher couvent laissé derrière soi où la cloche ne sonnera plus l'heure bénie des douces oraisons ! Des larmes noient leurs yeux dès qu'elles y pensent.

A-t-il existé, ce lieu de repos et de prières ? Cette fuite est-elle réelle ? Tout le passé ne doit-il plus être qu'un souvenir ?...

Une aube noire dans une pluie fine et malsaine qui tombe ; des ombres courent le long du train sous pression qui lance une vapeur effrayante aux béguines dont les voix tremblent de saisissement. Elles s'interpellent, vont d'une portière à l'autre, éperdues...

Des employés allemands rient de leur affolement. Ils rient; c'est leur œuvre, cette expulsion tragique. Le Turc, le vrai Turc, celui que j'aime, n'aurait point osé un semblable sacrilège.

Guillaume l'Assassin invoque Dieu en de grandiloquentes phrases et il abat les croix; malheur à lui, malheur à lui!

Ortakeuy.

D'un jour à l'autre Nébilé a paru guérie. Elle a déclaré se sentir forte et nous crions au miracle, et tous nos sombres pressentiments s'évanouissent comme un mauvais rêve, et, dans l'ivresse de cette santé reconquise, nos préoccupations, relatives à la tempête des champs de bataille, s'amoindrissent.

Dédaignant nos conseils de prudence autant que les recommandations du docteur, Nébilé se moque des ondées qui se succèdent, va et vient, veut revoir toutes ses amies.

Puis son agitation se calme — au cours de ses visites elle recueille surtout des histoires tristes sur la guerre — et elle recherche ma seule compagnie. Nous voici, comme aux premiers temps de notre splendide amour, livrés à nous-mêmes, dans la spacieuse maison qui m'est précieuse, avec le paysage désolé d'hiver qui conserve pourtant un charme rare.

Je me suis attaché à cette demeure où j'ai attendu, tremblant d'anxiété, la réponse à ma demande en mariage, où ma divine épouse me fit le don d'elle-même, où elle faillit mourir, où j'ai ri et pleuré; je m'y suis attaché comme la créature s'attache aux choses qui subsisteront après elle et, souvent, refléteront pour les autres, plus tard, lorsqu'elle ne sera plus, un peu d'elle-même!

Ortakeuy, 3 décembre.

Le pont de Galata est désert; les rares personnes que je croise courent, ont l'air de fuir. Le port est muet et les vapeurs, amarrés le long des quais, toutes lumières éteintes, dessinent des taches sombres, gigantesques, dans le vide sombre de la nuit.

A Stamboul je m'achemine vers la maison d'Enisse pacha — où m'attend Nébilé — située au centre d'une rue étroite, défendue aux voitures, où s'enchevêtrent des constructions déjetées qui, avec leurs fenêtres obscures, sentent l'abandon et laissent l'impression de demeures désolées où l'on pleure, dans le silence, les disparus, les morts qui ne reviendront plus...

Au centre d'un grand salon voici Enisse pacha, Hamdi pacha, Fuad bey, Edhem effendi, Chucri bey, le mollah Afif effendi, deux autres enturbannés, que je ne connais pas, mon ami le hodja Hadji Mehmet effendi et, assis au sein de ce groupe, un uléma à l'aspect impressionnant : vieille figure d'ascète, barbe blanche et longue, nez recourbé d'ancien pharaon, yeux vifs dont le regard aigu brille derrière des lunettes, mains tremblantes de septuagénaire dont la chair, usée, se boursoufle, où les veines saillent comme des tendons...

Enisse pacha s'approche de lui :

— Nous sommes au complet.

L'uléma se lève et, lorsqu'il se redresse, la maigreur de son corps s'affirme sous la longue lévite noire déboutonnée. Il parle d'une voix chevrotante :

— Prions... (les assistants sont debout, ils

courbent le front et, les coudes au corps, tendent les mains, paumes en dehors, pour recevoir la manne céleste). Mahomet est grand, le plus grand! Prions afin qu'il écarte de nous le malheur et éloigne de notre pays et du peuple de Dieu l'ignominie dont les sans-Dieu s'évertuent à le couvrir. C'est la guerre, une guerre néfaste qu'Allah réprouve. Des malfaisants, qui ont depuis longtemps abandonné le chemin de nos mosquées, ont soustrait le sceau du Khalife et publient des fetvas (1) qui demeureront la honte de notre religion. Ces malfaiteurs ont poussé le cynisme jusqu'à nommer Cheik-ul-Islam un de leurs réprouvés, étranger à la noble confrérie religieuse; ce maudit a proclamé la guerre sainte, ignorant que la guerre sainte, enseigne le livre des livres, n'est

(1) Édit religieux.

livrée qu'aux ennemis de l'Islam. Or, aujourd'hui, on condamne à la mort nos fils, nos frères, non point pour sauver cet Islam qui fit notre force et notre grandeur, mais pour soutenir un peuple infidèle dans sa lutte contre des peuples infidèles. Cependant encore, ces nations chrétiennes, contre lesquelles nous lançons le sang de notre sang, ont, à leurs côtés, nos frères en Mahomet, et ces frères combattent pour la gloire de peuples chrétiens qui, durant plus d'un siècle, ont respecté la sainteté de leur croyance; ils combattent afin de nous libérer d'un joug qui nous sera fatal... Prions et Dieu le Miséricordieux nous sauvera.

« J'ai accompli un long voyage pour arriver jusqu'ici, mes fils; j'arrive d'Andrinople et j'ai visité Kirk-Kilissé, Tchorlou et Tchataldja. Partout j'ai assisté à des calamités, partout j'ai rencontré des hommes, des soldats, rôdant à la recherche de pain. Ils grelottaient, ces hommes, et se taisaient, mais dans leurs yeux épouvantés j'ai lu du désespoir et cette terreur que met, dans les regards des humains, la mort qui passe...

« Entendez-vous, mes fils, ces cris désespérés, ces appels qui déchirent le silence des campagnes froides et dépeuplées, ce sont les appels de nos frères martyrs; de ceux que l'on force au combat et qui ne sont pas vêtus; de ceux que l'on précipite au carnage et ne sont pas nourris; de ceux qui n'ont plus le droit de prier et qui, abandonnés, se roulent dans les convulsions atroces d'atroces maladies...

« Prions, car nous nous sommes égarés et nous avons encouru la colère de Celui qui, en dirigeant les pas et les décisions du Prophète, avait conféré aux peuples de l'Islam la beauté, la richesse et la puissance; prions, l'empire des Khalifes est en danger, notre glorieux souverain est prisonnier et il pleure sur son peuple menacé d'esclavage; prions pour qu'Allah donne à chacun de nous les moyens de sauver notre pays. Amin!... »

Nous répétons tous, après lui, « Amin » et les mains retombent, et l'angoisse étreint les cœurs et, sur les joues de la majorité des auditeurs, les larmes ruissellent...

Je suis appuyé au chambranle d'une porte derrière laquelle éclatent, lorsque le vénérable religieux se tait, de bruyants sanglots. C'est Dilara hanoum, c'est Nébilé, ce sont des invités et des servantes qui, auditrices invisibles, donnent cours à leur émotion.

Je regrette d'avoir permis à ma compagne encore faible de s'éloigner de notre conak! J'ouvre sans bruit et j'atteins Nébilé. Je la prends entre mes bras, je la tiens étroitement serrée contre ma poitrine et je baise pieusement son front chéri pour apaiser son immense chagrin.

J'apprends plus tard que cette réunion est la première de nombreuses réunions qui suivront. J'attire l'attention de mon beau-père sur le danger de l'entreprise : nous sommes entourés d'espions et Enver et ses satellites payent grassement les délateurs.

Il hausse les épaules :

— Ne soyez point timoré, nous saurons choisir nos auditeurs.

J'ai peur, malgré cette assurance; j'ai peur pour ce vieillard courageux qui a conçu l'irréalisable projet d'éveiller une âme dans un bloc d'argile!

Décembre, lundi.

Les Roumains et les Bulgares ne regretteront-ils pas un jour d'avoir laissé passer par leur territoire le flot allemand qui inonde Constantinople ? On en rencontre partout, de ces Teutons à figures de larbins et à la démarche équivoque. Ils encombrent les magasins, les hôtels, les trottoirs. On n'entend plus dans les rues que les sons gutturaux de la langue abhorrée. Les films des cinémas sont des films allemands ; ils reproduisent des scènes de guerre qui sont des scènes de victoires, des épisodes de la vie de Bismarck et des rénovateurs de la kultur ; et les spectateurs, des « Boches » ou des Levantins vantards et lâches, applaudissent...

L'ancien bureau de la poste allemande est transformé en salle de dépêches. Des photographies couvrent les murs, livrant sans pudeur, aux nombreux curieux, les méfaits abominables de la soldatesque teutonne. La foule s'y presse, en cette officine à mensonges où l'on retrouve, se bousculant, des Grecs et des juifs, coiffés du fez, alors qu'hier ils portaient chapeau pour se distinguer du Turc et ressembler à leurs patrons ou à leurs chefs, des Anglais et des Français !

Et quand il me faut traverser Péra, aujourd'hui faubourg prussien, toute ma chair tressaille de haine et je marche vite, les dents serrées, la tête basse, afin d'échapper à l'obsédant tableau, à la dangereuse tentation d'outrager un chacal allemand.

23 décembre.

Nébilé tousse de nouveau et je m'inquiète. Elle rit, m'appelle un gros bêta : l'hiver n'est-il pas la saison des rhumes ?

Aujourd'hui, la journée étant pleine de rayons de soleil, elle manifeste le désir de sortir en promenade. Je m'efforce de la dissuader, j'objecte qu'il souffle un vent âpre et traître, que les rues sont mélancoliques, les routes boueuses. Et, comme elle insiste, je propose de nous rendre au nouveau parc, à la pointe du Sérail. Non, elle a en tête un autre but de promenade. Lequel? Elle ne consent pas à me le dire.

Dehors, malgré un ciel limpide, la bise est coupante. Nébilé, saisie, frissonne. Je réitère mes conseils de prudence.

— Marchons vite, répond-elle, je me réchaufferai.

Nous suivons des chemins qui ne me sont pas inconnus et brusquement je devine : Nébilé me mène au cimetière qui surplombe le Bosphore, entre Rouméli-Hissar et Emirghian.

Je l'interroge, elle sourit et avoue qu'elle songe depuis longtemps à entreprendre avec moi le pèlerinage de cet endroit qui était, aux premiers jours de notre mariage, notre promenade presque quotidienne.

— C'est loin, dis-je, retournons sur nos pas, nous reviendrons lorsque les arbres refleuriront.

— Non, non, je vous en prie, plus tard on ne sait pas, on ne sait pas !

Et sa voix est tellement chargée de misère que je renonce à contrarier son projet, quoique la brise souffle plus violente à mesure que nous avançons.

Le Bosphore aux eaux verdâtres glougloute et bruit sous ce vent qui accourt de la mer Noire comme l'avant-garde des bataillons russes qui, un jour peut-être, fouleront ce sol si doux aux pieds des croyants...

Voici le sentier bordé de murs croulants ; voici ce triste champ des morts où viennent finir les existences gaies, les existences malheureuses, les amours les plus passionnés, les haines les plus graves ; voici les cyprès noirs, voici les stèles grises, lavées, relavées et fouettées par l'eau du ciel et de l'onde perfide comme l'âme perfide d'une courtisane.

Nébilé précipite ses pas. Elle a rejeté en arrière le voile qui couvre ses traits charmants, et son visage, malgré le froid piquant de l'heure, est tout pâle, de la pâleur d'un visage de religieuse sur lequel la solitude du cloître aurait mis l'ombre du linceul.

Nébilé se hâte et la voilà qui s'arrête devant la tombe de Saadet, la fillette inconnue de l'imam, morte à seize ans, après avoir à peine frôlé l'amour qui fait souffrir. Elle observe cette tombe dont l'épitaphe se termine par la demande d'une prière pour l'âme de celle qui n'eut pas le temps de pécher et qui fut, probablement, jolie, admirée et désirée, et qui n'est plus rien, nulle part, ni sur la terre, ni ailleurs, car partout tout est néant : néant ici-bas, néant là-haut, néant, néant toujours !

Elle regarde la dalle, qui, déjà vieillie par la terre rongeuse, se penche, et tout à coup, éclate en sanglots éperdus :

— Effendidjiîm, je serai ici bientôt, car bientôt je mourrai ! Effendidjiîm, retenez-moi, je ne veux pas m'en aller encore, je ne veux pas être séparée de vous.

Je tressaille à ce cri lamentable, mais je maîtrise ma voix pour la gronder de nourrir de semblables idées. Je lui affirme être moi-même assailli de pensées lugubres au fond de ce cimetière, désert et impressionnant en cette saison.

Et sa peine se calme lentement, et nous gagnons le bord de l'eau, étroitement enlacés, secoués d'un émoi étrange où la tristesse agite en nous des voluptés morbides.

Le décor que nous nous plaisions à admirer s'offre sous un aspect poignant : les maisons bariolées, aujourd'hui closes, apparaissent vides, sombres comme des souvenirs de drames; le Bosphore, dont les flots promènent des bêtes crevées, boursouflées, immondes, avec les berges ici, là-bas, abandonnées et mornes, sent la débâcle, rappelle la fin des choses!

Alors, étreints d'un même malaise, nous rebroussons chemin, nous filons vite, vite dans l'indescriptible mélancolie du jour qui tombe, à l'instant où tout devient une masse confuse et impressionnante; nous filons vite pour retrouver l'intimité consolante de notre intérieur.

Le soir, Nébilé tousse davantage. Câline, elle se pelotonne entre mes bras, marie son corps au mien comme une prise de possession définive et éternelle.

Bulbul entre et sort; elle s'accote un instant contre le mur et ses yeux, fixés tantôt sur

Nébilé, tantôt sur moi, ont des lueurs de pitié, de sympathie et de tristesse.

Oh! les cœurs qui souffrent chez les plus petits comme chez les plus grands, chez les pauvres comme chez les riches! Oh! les cœurs que Dieu n'a donné aux créatures que pour souffrir, car exister c'est souffrir, éternellement!

Ortakeuy, 25 décembre.

Je me suis levé de bonne heure et, retiré dans mon cabinet de travail, dont j'ai fermé la porte à clef, je me suis agenouillé. La tête appuyée sur un coussin j'ai invoqué le Dieu de mes pères, j'ai renouvelé mon acte d'adoration et de contrition, j'ai mis, à voix basse, mon âme à nu devant l'être suprême qui doit être le Dieu de tout le monde! J'ai crié la gloire de la naissance de Jésus, l'infinie douceur de la Nativité d'un enfant rose et chétif au fond d'une étable; et puis j'ai pleuré ma peine immense : la fragilité de la santé de la mignonne épouse que je me suis choisie!

Dieu! Dieu! ai-je murmuré, regardez-la, voyez la douceur de son âme, la pureté de son cœur, épargnez-la. Elle est née de par votre volonté, vous ne voudriez pas qu'elle souffre et, pourtant, elle souffre. Son corps divin se transforme de jour en jour, elle dépérit et ses mains s'amenuisent et ressembleront demain à des menottes d'enfant! Dieu, si vous voyez tout et si tout dépend de votre miséricorde, secourez-la, remettez du rose à ses joues, à ses lèvres qui sont si pâles! Christ, mort sur la croix dans la souffrance, et qui connaissez le martyre des lentes agonies, miséricorde pour une enfant qui n'a commis aucun mal et qui veut vivre, se réchauffer longtemps encore aux rayons d'un soleil que Dieu a créé!

Dans mon âme je sens l'âme de ma compagne qui souffre; je crois voir les larmes qu'elle verse en cachette lorsqu'elle se reconnaît très faible et qu'elle comprend qu'elle ne reverra plus les fleurs du renouveau!

Dieu, mon Dieu, prends ma vie et épargne la mignonne créature qui, en ce moment, là-haut, rêve, peut-être, dans son sommeil, à la mort.

Et, soudain, alors que, suffoqué par ma douleur, les nerfs vibrants de ne savoir comment m'assurer la faveur céleste, je pleure, des coups de sifflet rauques et prolongés fendent l'espace, semblant dire :

— Fou, fou, tais-toi. Tu demandes à Dieu de préserver l'existence d'une femme parce que tu l'aimes et, au loin, au nord, au sud, à l'ouest, à l'est, l'espace est rempli de clameurs effroyables et des millions d'hommes s'entr'-égorgent...

Ortakeuy, fin décembre.

L'horreur des yeux dilatés par l'effroi, l'horreur des traits crispés, tordus; des visages que défigurent la peur!

Nous l'avons eue, ce soir, Nébilé et moi, cette vision tragique lorsque Enisse pacha s'est précipité chez nous en criant :

— Cachez-moi, on me cherche, cachez-moi ou je suis perdu!

D'abord nous l'avons regardé sans comprendre, sans oser bouger, puis nous avons voulu savoir.

Il est arrivé ce que je prévoyais; les réunions des anti-unionistes dénoncées, une descente de police à Béicos où se tenaient les réunions...

Mais mon beau-père termine à peine ses confidences que l'on frappe à la porte. Il faut ouvrir.

Ce sont des agents secrets, des gendarmes, des civils. Enisse pacha, très pâle, se redresse et se livre.

Nébilé s'évanouit, les servantes crient et pleurent.

Dehors il pleut et il fait froid!...

Ortakeuy, janvier 1915.

Je cours chez l'un et chez l'autre des membres influents du Comité Union et Progrès afin d'obtenir l'élargissement d'Enisse pacha.

Chez Ruchdi bey, chez tous ceux que j'ai obligés et connus avenants, le sourire aux lèvres, je me bute à des mines hostiles, à des gens qui s'obstinent à secouer la tête et à assurer qu'ils sont impuissants, que tout, à l'heure qu'il est, dépend de la cour martiale et surtout d'Enver pacha, la bête orgueilleuse et omnipotente, le dictateur ignorant et grotesque !

Je décide facilement Hamdi pacha à intervenir auprès de Ruchdi, mais cette intervention n'aboutit qu'à provoquer entre le père et le fils une discussion orageuse, où s'échangent de terribles paroles et qui se termine par une rupture.

Et je prends conscience que la cause de mon malheureux beau-père est grave : on lui fera payer sa participation aux affaires de l'ancien régime, on vengera de vieilles haines, on assouvira sur lui des passions basses; rien, dès lors, ne le sauvera.

Dilara hanoum se rend au Palais impérial, où elle a conservé des amies parmi les femmes du Sultan Mehmet. Mais que peut-il, ce souverain de comédie, auquel une séquestration de quarante ans a enlevé la faculté de vouloir et dont les aides de camp, les secrétaires, les serviteurs, sont des espions aux gages des hommes au pouvoir?

Quand je reviens à Ortakeuy, Nébilé m'interroge haletante, la respiration courte. Je mens alors, je mens avec frénésie :

— Tout marche à souhait, les membres de la cour martiale ne sont pas trop mal disposés.

Je mens, mon Dieu, ne m'en punissez pas, vous qui connaissez la cause presque sainte de mon péché.

L'emprisonnement de son père, les nouvelles des terribles défaites au Caucase, qui filtrent malgré tous les efforts du gouvernement, affectent Nébilé.

Elle recommence à se déclarer lasse de tout et elle traîne d'une pièce à l'autre avec une sorte d'angoisse dans ses yeux vert de mer. Parfois elle s'assied au piano, mais à peine pose-t-elle les doigts sur les touches qu'elle éclate en pleurs.

Le soir, — est-ce la fièvre? — à la lumière des lampes, qu'elle exige nombreuses, elle est prise de gaietés bruyantes qui tombent tout à coup sans raisons apparentes...

A la voir désemparée de la sorte, pareille à un timide oiseau qui, ayant perdu ses ailes, cesse de chanter, mon âme se fait lourde, lourde...

15 janvier.

Enisse pacha est condamné à mort. J'ai obtenu l'autorisation de le visiter et nous nous rendons, Dilara hanoum, ma femme et moi, au ministère de la Guerre, où il est emprisonné.

Nébilé ignore le sort qui attend son père et rien n'est plus tragique que de l'entendre plaisanter avec Enisse pacha, admirable de sang-froid. Quant à Dilara hanoum, préparée à son deuil prochain, elle s'efforce de refouler ses larmes, mais des frémissements, des tics, qui, par moments, tirent ses joues, plissent ses lèvres, font trembler ses narines, trahissent sa désespérance.

A l'instant des adieux, Enisse pacha s'adresse à Nébilé :

— Ma fille, notre séparation sera probablement fort longue, car je suppose qu'on m'expédiera en exil; soigne-toi, tu es souvent imprudente; nous nous retrouverons, sois-en persuadée, guéris tous les deux.

Il l'embrasse, stoïque, sans s'abandonner au mouvement de faiblesse que j'appréhendais; cependant, quand Dilara hanoum lui passe les bras autour du cou pour le grand baiser de l'éternel adieu, j'entraîne Nébilé, car j'ai vu les épaules des vieux époux agitées de soubresauts et je devine qu'à cette heure cruelle ils ne pourront s'empêcher de sangloter en se disant, une dernière fois, qu'ensemble ils ont été heureux !

Ortakeuy, une semaine plus tard.

La ville dort encore en grand silence à l'heure nocturne où nous nous éloignons de la maison, Mehmet et moi.

Comme il a plu abondamment la veille, nous pataugeons avec difficulté dans une boue profonde qui retarde nos pas; et nous nous dépitons, car il nous faut atteindre Stamboul avant l'aube.

Tous les cent mètres, je me retourne, et je

lance à Mehmet, qui me suit, une interrogation :

— Arriverons-nous à temps?

Pour toute réponse il fait :

— Heu! Heu! en accompagnant son exclamation d'un mot : « Zavallù », le malheureux!

Il pense alors, comme j'y pense moi-même, à celui que nous allons voir mourir, à la scène d'horreur au-devant de laquelle nous courons, à l'exécution de mon beau-père.

Les mécréants ont décidé de pendre Enisse pacha, l'ancien ambassadeur, ainsi qu'un vulgaire malfaiteur; et je voudrais, si possible, dire un dernier adieu à cet homme demeuré honnête en un milieu corrompu, pourri!

Nous dépassons des maisons, des boutiques, où tout dort dans un silence formidable. Nous marchons comme des âmes en peine vers une peine plus grande que la nôtre; et la pensée de l'acte abominable qui se perpétuera tout à l'heure me secoue de frissons...

A Galata, le pont étant ouvert afin de livrer passage à des navires de guerre, Mehmet se met à la recherche d'un batelier. Grâce à la complaisance d'un agent de police, nous découvrons une sorte de Nubien qui dort contre une guérite en attendant la clientèle.

Nous glissons sur l'eau. Les ténèbres s'éclaircissent et la face du nègre, plus noire que la nuit qui nous quitte, est sinistre comme le but de notre voyage...

Jusqu'à mon heure dernière je reverrai la place du Séraskérat, telle que je la vis dans l'aube grise, sous un ciel gris chargé de pluie...

Par là-bas, on ne sait où, un chien hurle

lamentablement. Des ombres s'agitent; des soldats se déplacent lourdement, s'alignent pour former barrière autour de quatre gibets dressés face à la porte principale du ministère de la Guerre.

Parmi la foule déjà dense, au travers de laquelle je me faufile, des patrouilles circulent. Je désire joindre le premier rang; alors, un gendarme — presque un vieillard — m'intime l'ordre de reculer.

Je murmure :

— Kardachim (mon frère), je suis le fils d'un de ceux qui vont mourir.

Le bonhomme se radoucit.

— Allez, me dit-il.

Et plus bas, tout bas, il ajoute :

— L'enfer ne nous délivrera-t-il pas de nos oppresseurs?

Le jour commence à poindre lorsque, à l'entrée de la grille, exactement devant moi, apparaissent, encadrés de troupes, les victimes d'Enver, le kara-gheuz de la Tripolitaine.

Vêtus de chemises grossières, les condamnés s'avancent à petits pas et vont chacun s'arrêter devant un gibet au pied duquel est le tabouret fatal.

Un officier lit à haute voix, très vite, des choses qu'on ne comprend pas et que les condamnés écoutent impassibles.

Puis c'est un bruit de crosses sur le macadam, une poussée. La foule recule.

Je me hausse sur la pointe des pieds, je tends les bras. A ce moment précis Enisse pacha lève les yeux et il m'aperçoit, j'en garde la conviction, car il sourit. Mais quel sourire! Inoubliable!

Les condamnés montent sur les escabeaux..... Le jour luit..... Minutes effrayantes d'angoisse...

Un commandement bref et guttural...

C'est fini! Les cadavres ne tressaillent même pas.

Dans la foule, nul cri; peut-être des soupirs et des larmes secrètes!

Je reste stupide d'effroi, les jambes molles, avec une affreuse envie de vomir, à regarder ces corps déjà rigides, suspendus comme des mannequins, qui étaient encore, il y a un instant, des êtres vibrants, des âmes pensantes, et qui ne sont plus rien, rien...

Mehmet me prend le bras et nous nous rapprochons des gibets.

L'on raconte que ceux qui meurent par strangulation ont le visage convulsé par un spasme atroce. Enisse pacha et ses compagnons, parmi lesquels je reconnais Fuad bey, ont dû alors user d'un suprême effort d'énergie, car ils ont les lèvres, les yeux clos sans rien de repoussant!

Je me tiens devant ce qui fut mon beau-père et, malgré moi, je pleure...

Plus tard l'autorité nous a livré le pauvre corps, qui a été transporté chez Dilara hanoum, — Nébilé ne sait rien et il ne faut pas qu'elle sache — et on l'a enseveli hâtivement, — par ordre supérieur, — à la nuit venante, dans un petit cimetière perdu, derrière le Ministère des Fondations pieuses.

Dilara hanoum n'a pas versé une larme, mais elle a baisé sur la bouche celui qui lui fut un compagnon fidèle en murmurant :

— Dieu vous vengera, mon bien-aimé !

Ortakeuy.

Une de ces journées telles qu'on en voit parfois à Constantinople au plus fort de l'hiver; dans l'air passe une brise molle et tiède qui semble provenir des îles lointaines où les térébinthes, les orangers, toute une floraison capiteuse, imprègnent l'atmosphère de senteurs grisantes et étourdissent les derniers jours des grands blessés de la vie.

Je me suis arrêté sur le pont, ce pont sur lequel, avant la guerre, on coudoyait toutes les races du globe; ce pont qui offre un décor unique au monde, avec Stamboul, les coupoles de ses mosquées et la blancheur de ses minarets; avec la Corne d'Or, qui s'enfonce dans une buée d'ombre entre les milliers de mâts des navires emprisonnés là on ne sait pour combien de semaines, de mois ou d'années; avec la Marmara, d'un bleu éclatant sous le bleu d'un ciel sans nuages, qui baigne de ses flots endormis les côtes baroques ou étranges d'Europe et d'Asie.

Le paysage m'obsède et je reste accoudé à

un parapet à contempler les nuances changeantes de l'eau, du ciel, des berges, sans envie de m'éloigner, irrité d'un désir fou d'oublier tout ce qu'il y a de mauvais dans la vie...

Je voudrais être une de ces mouettes grises qui valsent sur la crête des vagues, sans âme, sans pensées, sans joies et, partant, sans chagrins ; je voudrais...

Une tape sur mon épaule, je me retourne saisi... C'est Hamdi pacha. Il revient, m'apprend-il, de la cour martiale où il a été conduit à la suite d'une dénonciation le représentant comme un des conspirateurs de Béicos ; il s'est défendu et on l'a relâché.

— Ah ! mon ami, me dit-il, Ruchdi se repentira un jour de ses menées criminelles ! En attendant, il n'est plus mon fils, je le renie !... Si vous saviez tout ce qu'il m'a été donné d'entendre et d'apprendre durant ma détention au Ministère ! Nous sommes en train de devenir colonie allemande, c'est lentement l'occupation, ce que ces c...... dénomment une occupation pacifique, et cela s'opère à coups de livres turques... Nos ministres et nos trop célèbres Jeunes-Turcs sont tous des vendus, tous, tous... Démesurément orgueilleux et cupides, ils jouent aux patriotes désintéressés et, à les écouter, ils écraseront la Russie, la France, l'Angleterre : ils se partageront ensuite ce magnifique morceau avec leurs alliés et il ne subsistera plus que trois grandes puissances : l'Allemagne, l'Autriche et la Turquie !

Lorsqu'ils discourent avec leurs amis de la réalisation de ces projets utopiques, les Teutons répondent d'un air gouailleur : Ya ! Ya ! Car un Empire ottoman régénéré, indépendant, n'entre pas dans leurs calculs et nos néo-Turcs, aveugles ou idiots, ne réfléchissent pas que les trente mille Allemands actuellement ici — soldats, marins et officiers — se décupleront pour nous étouffer si l'Allemagne écrase ses adversaires en Occident...

Je pousse Hamdi pacha du coude : un sbire, facilement reconnaissable à ses allures, s'est arrêté non loin de nous.

Hamdi pacha m'a compris et, pour berner l'indiscret, il complète une digression dont je ne connaîtrai jamais l'exorde :

— Ainsi que je vous l'expliquais, le vent qui fouette, l'été comme l'hiver, la pointe du Sérail ne permet pas qu'on y cultive des fleurs; il faut se contenter d'y planter des pins ou de ces arbustes odorants qui pullulent dans les îles grecques...

Je propose :

— Si nous reprenions notre promenade?

Et à peine nous sommes-nous écartés du

quidam suspect, Hamdi pacha achève à demi-voix :

— Imaginez-vous qu'Enisse et ses compagnons ont été condamnés à mort pour attentat à la sûreté de l'État en provoquant l'assassinat — vous m'entendez bien, l'assassinat! — d'officiers du kaiser. Et les juges ont trouvé des témoins pour confirmer cette monstrueuse accusation... L'on a tué des officiers allemands, c'est possible; tous les jours il en disparaît et il en disparaîtra encore, mais rendre Enisse responsable de ces forfaits!

Nous traversons en ce moment le quartier de Tophané, garni d'échoppes et de cafés sordides, dont les habitués sont les portefaix et les débardeurs de la douane. Ces cafés regorgent aujourd'hui d'oisifs, car il n'y a plus, nulle part, de travail pour les prolétaires.

Hamdi pacha attire mon attention sur

l'arrêt des affaires, sur la misère qui s'ensuivra ; il prévoit que plus tard ces sans-travail seront des fauteurs de désordres, voleront, pilleront, incendieront...

7 février.

Malgré la supériorité de la flotte russe, qui, assure-t-on, fait la police de la mer Noire, les bateaux allemands franchissent impunément les Détroits pour ravitailler les Turcs en charbon qu'ils vont charger à Zoungouldag ou en Roumanie. Sous l'impulsion allemande, la fabrication des munitions et des fusils se poursuit intensivement ; on réquisitionne, sans se soucier des besoins de la population, les produits chimiques et pharmaceutiques, les denrées susceptibles de résister au temps. On s'attend, dans les hautes sphères, à une poussée contre les Dardanelles et l'on est résolu à poursuivre la guerre jusqu'au bout...

Les officiers boches, monocle à l'œil, ont des allures de conquérants; la plupart s'affichent avec des péripatéticiennes viennoises, et les soldats, et un nombre grandissant de galonnés turcs, ont la mine farouche et de vilains regards lorsqu'ils passent auprès d'eux. Les marins du *Gœben* et du *Breslau* engraissent et taquinent les femmes turques, qui n'osent se plaindre. Les civils, musulmans ou chrétiens, suent la peur; les premiers songent à émigrer en Asie Mineure, loin des canons et des fortifications établis le long des côtes et aux îles des Princes.

En réalité, à l'exception des envahisseurs qui se déclarent en territoire conquis, dédaignant le sultan, ses ministres et leurs conseils, chacun maudit une guerre au bout de laquelle la défaite est certaine; puis — beaucoup y pensent — bientôt on entrera dans la saison chaude, la saison des maladies et des épidémies; et les pauvres troupiers, qui résisteront peut-être quelques mois dans les tranchées, mal nourris, mal soignés, démoralisés, crèveront, comme à l'époque du raid balkanique, le long des routes, au creux des fossés, abandonnés, ainsi que des bêtes!

Et le peuple prévoit tout cela et au fond de son cœur une haine formidable grandit envers un allié qui prétend le défendre contre des ennemis dont il espère la délivrance!

L'autre jour, Enver pacha traversait Péra, caché au fond de son automobile, et j'ai vu luire, je le jure, dans les yeux d'hommes, qui n'étaient point des chrétiens, le désir du crime.

Mais un désir, où cela mène-t-il?

Ortakeuy, 18 février.

Un bavardage de servantes a dévoilé à Nébilé la mort de son père. Elle s'est affaissée lourdement sur le tapis, sans un murmure. Quand elle est revenue à elle, elle a jeté un cri de détresse dont l'accent m'a bouleversé.

A présent elle repose au milieu de notre grand lit, le visage soudain comme diminué, un visage où les yeux cerclés de bistre s'ouvrent immenses et tragiques.

Et il me faut essuyer en riant les sueurs qui inondent son front au moindre effort, chasser l'impression que — en dépit des assurances contraires du docteur — ma tendre épouse s'en va vite, vite, vers l'atroce fin qui désunit à jamais ceux qui s'aiment.

Et tous les jours ses forces déclinent davantage. Elle a une voix si misérable pour me demander si elle guérira ; elle emploie des mots si câlins lorsqu'elle me prie de l'aider à se redresser un peu dans le lit où tout l'étouffe, qu'impuissant et navré j'invente des prétextes pour quitter la chambre et cacher mes larmes...

Par instants, elle reste effarée, le regard sombre, plein d'effroi, comme si, par un cruel miracle de la nature, elle découvrait déjà l'abîme où elle sombrera.

Aussitôt je l'interroge :

— Qu'as-tu, mignonne?

Elle semble alors sortir d'un vilain songe, et ses lèvres se contractent piteusement pour répondre :

— J'ai eu peur, j'ai cru soudain que j'allais mourir.

Parfois aussi elle se plaint d'être fatiguée,

toujours fatiguée, et d'être la proie d'épuisantes somnolences.

D'autres fois elle exige qu'on la coiffe avec soin, qu'on lui mette du linge parfumé, et elle parle de se lever, le soir, quand elle sera bien reposée, et elle me tend sa bouche, et j'aspire la brûlure de ses lèvres. Elle se remémore les délices du passé, les divins commencements de notre amour; elle se souvient avec une lucidité étrange des moindres choses de notre vie si courte de mariés, de nos ivresses, de nos folies, de tout ce qui embellissait les jours qui ne sont plus! Pauvre mienne! Pauvre petite mienne!

Puis, la fatigue la ressaisissant, elle reprend conscience de sa misère physique et, épouvantée par les pressentiments qui l'assaillent, elle a des exclamations désespérés :

— Effendidjiîm, je ne revivrai plus ce

bonheur, jamais plus tu ne me reprendras entre tes bras, jamais, jamais plus!

Je perds la tête, je dis des paroles bêtes.

— Ma bien-aimée, ne t'énerve pas, la fièvre tombera et tu seras guérie.

Pauvre mienne, pauvre petite mienne!

6 mars 1915.

Et les jours et les nuits se sont succédé meurtrissants, terribles pour la mignonne adorée, qui a fini par se voir partir...

Et, ce matin, elle est partie...

Comme l'aube jaune et lugubre apparaissait, elle s'est tournée vers moi et a soupiré d'une voix perdue :

— Serre-moi la main, mon maître chéri!

Et tout a été fini, fini! Et personne, en lisant ce mot affreux, ne ressentira l'amertume profonde qu'il renferme! Fini!... Jamais plus on ne se dira de mots d'amour; jamais plus on ne se pressera les mains brûlantes de passion; jamais plus nos regards chargés de tendresse ne se rencontreront! Fini! elle est partie, et on ne se parlera plus, jamais, jamais...

Elle est là, étendue toute blanche; ses mains, expertes aux douces caresses, reposent le long de son corps mignon; ses cils, si longs, colorent ses joues d'une ombre qui réveille l'ombre des couleurs évanouies!

Agenouillé au bord du lit, où elle repose pour la dernière fois, je la regarde et me refuse à croire que ma Nébilé est pour toujours insensible! Les yeux brouillés de larmes, j'admire, d'une dernière admiration, celle que j'avais crue immortelle et qui, tout à l'heure, me sera enlevée.

Elle est partie, c'est fini! Non, c'est impossible, elle n'est point morte, elle sommeille seulement; bientôt elle s'éveillera. Alors je lui parle :

— Chérie... Chérie, écoute-moi, prononce un mot, dis que tu m'entends... Chérie, reviens-moi, ne me laisse pas seul!

Et je palpe le corps de ma tant aimée, je baise doucement les paupières fermées, les narines pincées, la bouche entr'ouverte, et il me semble que cette bouche, que toute cette chair que j'ai frôlée, a soudain frémi!

Nébilé, lumière de la lumière de mes yeux, mignonne, qui te plaisais à rire et savais trouver au fond de ton cœur de si tendres paroles; mignonne dont la voix harmonieuse me troublait comme une ivresse; mignonne qui étais compatissante à la souffrance et secourable aux malheureux; mignonne, ma vie, ma raison d'être, reviens-moi!... Ouvre les yeux, vois, je te tends les bras et je t'implore, reviens-moi!...

... Lorsque sonne le moment de l'ultime toilette, Bulbul m'éloigne du cadavre. Elle me prend par la main, me conduit, comme on conduit un aveugle, dans la pièce où j'entendis pour la première fois Nébilé m'avouer son amour.

La porte fermée, je gémis, ainsi qu'une bête dont la chair souffre et qui se plaint, sans songer à la morte, avec la seule sensation de souffrir...

Ortakeuy, fin mars.

Les Turcs sont battus au Caucase; au fond des villes, des villages, le peuple commence à manquer de pain et à douter de la véracité des communiqués relatifs à des victoires ; la révolte sourde, qui mettra peut-être des mois et des mois à éclater, gronde dans presque toutes les classes de la société; les arrestations à Stamboul, à Péra, à Nichantache s'effectuent en masse; les étrangers qui résistaient encore à la tentation de partir fuient à leur tour, loin de cette Turquie frappée de pestilence; Dilara hanoum pleure ses morts et se lamente; mais tout, les défaites, la famine, la révolution proche, l'affliction de ma bellemère, me laisse insensible...

Rien ne m'émeut en dehors de ma propre misère.

Il m'est cependant impossible de réaliser pleinement que Nébilé est à jamais perdue pour moi. Je la cherche de chambre en chambre; je m'assieds à côté du lit où je la vis si étrangement pâle, ce lit que nul n'a touché depuis qu'elle en fut arrachée, et je demeure le cerveau vide à fixer machinalement l'oreiller qui a conservé l'empreinte de sa tête... Je range les morceaux de musique qu'elle préférait, je caresse, de mes doigts qui tremblent, le dernier ouvrage de broderie auquel elle travaillait et je le baise avec emportement, comme si le parfum qu'elle affectionnait, et qui imprègne ce chiffon, me donnait encore un peu d'elle-même.

J'ai, parfois, des crises de désespoir insensé; des pensées inquiètes m'accablent : ne l'ai-je pas rendue malheureuse?

Ensuite, je reste prostré sur un divan où, souvent, brisé, je m'endors comme une brute.

Bulbul rôde autour de moi. Lorsque je quitte une pièce, je suis presque certain de la découvrir accroupie derrière un battant de la porte comme si elle attendait l'heure où je lui crierai :

— Viens, je ne me sens plus le courage d'être seul en face de ma misère.

La première fois j'ai eu un soubresaut en l'apercevant, et je lui ai demandé rudement :

— Que cherches-tu ici?

Elle s'est redressée et s'est éloignée dans un silence farouche.

Depuis lors, je la laisse agir à sa guise.

2 avril.

Mehmet me quitte; il a cinquante-deux ans, mais l'autorité militaire le déclare solide et le réclame pour l'envoyer aux Dardanelles.

Il a entendu raconter tant de vilaines histoires sur la manière dont le soldat est traité actuellement qu'il part, me confie-t-il, à contre-cœur. J'essaye de lui relever le moral, il m'arrête :

— A quoi bon, maître, vos paroles réconfortantes; je n'ignore pas ce qui m'attend;

deux de mes amis, revenus d'Erzéroum, m'ont rapporté que se battre dans les conditions où nous combattons, c'est se battre contre Dieu; le troupier manque de tout, personne ne s'inquiète de lui et, si l'officier s'en occupe, c'est pour le jeter au-devant de la mitraille. Enfin, kismet!

Il me baise les mains et gagne la porte à reculons.

Mehmet s'est à peine retiré que Dilara hanoum se présente. Elle désire reprendre une des servantes; je lui offre Kadrié — pourquoi n'ai-je pas songé à me séparer de Bulbul? — et je reste seul dans l'immense demeure avec un cuisinier arménien, le jardinier, un boiteux destiné à remplacer provisoirement Mehmet, et la jeune Circassienne.

Le soir, en passant auprès du hammam, j'entends un grand bruit d'eau et une voix timide qui chante une mélopée lente et triste.

Est-ce de joie de rester seule maîtresse en mon domaine, est-ce de chagrin d'avoir perdu sa compagne que Bulbul chante de la sorte?

Nébilé dort dans le cimetière qu'elle se plaisait à parcourir, tout contre le Bosphore, entre deux tombes nouvellement creusées et un mur très bas que couvriront bientôt les plantes grimpantes, mais éphémères, du printemps.

Les musulmans ne portent pas le deuil de ceux qui ne sont plus, et ils ne vont ni prier sur leurs morts, ni orner leurs tombes de couronnes et de fleurs. Ceux qui reposent sous la terre bénie de Dieu sont des bienheureux, car ils sont délivrés des fardeaux de ce monde, et il n'est point nécessaire d'intercéder pour eux, le Seigneur étant plein de miséricorde envers sa créature.

Je ne porte pas le deuil et, en cela, je ressemble à un musulman, mais je prie pour celle qui fut tout mon bonheur et, en agissant ainsi, je me sens chrétien. Il me paraît, lorsque je me courbe au-dessus de la pierre, tout enluminée de caractères dorés, sous laquelle Nébilé est ensevelie, pour invoquer en sa faveur le Maître de nos destinées, il me paraît qu'elle entend mes invocations et que son âme, recueillie dans le paradis de toutes les félicités, s'émeut de ma constance!

Ortakeuy.

Un étranger qui débarquerait à Constantinople et se promènerait à travers la ville n'observerait rien d'anormal dans l'attitude de ses habitants. Le mouvement, le va-et-vient des promeneurs est toujours actif et, si la foule est surtout composée de femmes allemandes et d'hommes qui éructent la langue des sauvages berlinois, cet étranger croira qu'il en a toujours été ainsi. Mais, pour un vieil habitué de Stamboul, de Péra et de ses environs, tout est transformé, tout est sombre dans la Byzance de 1915. Peu de vieux Turcs parmi les passants, peu de hanoums pimpantes, presque pas de voitures. On n'entend plus qu'un jargon qui étouffe les idiomes civilisés, car les rares Français et Anglais, prisonniers à Péra, se taisent hors de chez eux. Les rayas (1) ne se mêlent pas aux Européens, ils cheminent l'air préoccupé et, s'ils sont plusieurs à cheminer de compagnie, ils parlent par mono-

(1) Sujets ottomans de religion chrétienne. Je ne mentionne pas les israélites, dont la conduite et les menées anti-françaises se sont manifestées scandaleusement depuis le mois d'août 1914.

syllabes et ne s'écartent pas des lieux communs.

Les boutiques et les magasins sont déserts, l'argent se raréfie et le prix des denrées augmente journellement; les enseignes, toutes flambant neuves, sont en caractères turcs ou en langue allemande, l'emploi du français étant interdit.

L'atmosphère est anormale, chargée d'un quelque chose d'inexplicable qui pèse sur chacun; c'est comme le pressentiment, qu'on ne peut étayer sur rien, « d'un malheur suspendu dans l'air ».

Et les communiqués turco-allemands — partout et toujours des conquêtes! — aggravent le malaise. Les Turcs ne sauraient se tromper longtemps entre eux, on annonce trop de victoires pour qu'en réalité la situation soit satisfaisante. Et puis, éternellement et partout, la vérité vaincra le mensonge, et il transpire de vilaines rumeurs au sujet des hostilités...

Ortakeuy, fin avril.

Lorsque arrive le soir, et que tout se couvre progressivement d'ombre, l'image de Nébilé se lève, non pas l'image d'une Nébilé heureuse et jolie, mais celle de la Nébilé des dernières semaines, une Nébilé au visage vieilli, travaillé par la souffrance, une Nébilé dont la bouche se tord pour exhaler d'une voix pathétique : je ne veux pas mourir!

Et l'image de Nébilé malade m'obsède; son souvenir me poursuit, trouble mon sommeil...

Pourtant, à mesure que les jours se remplacent, mes regrets sont moins cuisants; le souvenir du passé perdu ne m'est plus aussi douloureux; au contraire, si je me complais à évoquer les heures de joie qui nous béatifièrent, j'éprouve, à cette résurrection, un plaisir triste très doux, un plaisir dans lequel je m'abîme comme le fumeur d'opium se réfugie en des rêves factices, des voluptés évanouies, inaccessibles!...

Je commence — je me le reproche à certains moments — à m'intéresser aux gestes de la jeune Circassienne.

Elle circule à pas étouffés, range, époussette, dresse le couvert, mais invente des prétextes futiles pour tournoyer autour de moi.

Le matin elle déambule en entari rose, qu'elle laisse très large, les pieds nus dans des sandales; plus tard, sa toilette achevée, l'entari change de couleur et, cette fois, elle le serre étroitement autour de sa taille, de sorte qu'il dessine les formes graciles de son corps d'enfant. Elle met des bas noirs, se chausse de babouches et cache ses cheveux sous un voile de mousseline blanche, pailletée de grains dorés. Bulbul, ainsi, est très jolie; néanmoins sa beauté ne me touche pas; Bulbul m'amuse simplement et je la regarde évoluer comme je regarderais jouer une fillette qui chercherait à imiter la femme...

Mon cabinet ouvre sur une large galerie, dallée de marbre, très froide en toutes saisons; aussi, pour empêcher que la halaïk ne prenne mal en restant à ma porte, — habitude qu'elle a contractée depuis la mort de sa maîtresse, — je l'autorise à s'installer, à ses instants de loisir, dans la pièce où s'écoule une partie de mon temps.

Ma permission a eu l'air de l'enchanter, cependant elle refuse de se servir d'un siège. Elle s'assied au fond de la chambre, toujours dans le même coin, et, muette, tricote de grossières chaussettes qu'elle enverra à ses frères et à son père au pays des tcherkesses. Il lui arrive d'abandonner, au creux de sa robe, pelote, chaussettes, épingles, et de se parer d'une attitude pensive qui réveille ma sensibilité, jusqu'ici endormie, aux peines d'autrui.

Avant-hier, je me suis hasardé à l'interroger :

— Bulbul, à quoi songes-tu quand tu abandonnes ton travail?

Elle a rougi et, hésitante, m'a répondu :

— Aux racontars des femmes du quartier.

— Que disent-elles?

— Elles parlent de la guerre; elles prévoient que la campagne sera mauvaise pour nous et elles craignent de manquer de pain; leurs maris se sont éloignés en maudissant les Allemands et en menaçant de se venger...

— Que t'ont-elles dit encore?

— Une nuit, elles ont entendu un tapage inusité, elles se sont aussitôt levées et elles ont vu des chariots qui se suivaient et d'où sortaient des gémissements et des appels; elles présument que c'étaient des blessés, et elles blasphèment nos ennemis...

Alors j'essaye de peindre, avec des mots et des images à la portée de l'intelligence simple qui m'écoute, l'état réel de la situation.

Bulbul ouvre tout grands ses yeux extraordinaires, surprise de la variété de mes histoires qu'elle s'empressera de rapporter aux voisines, ses amies.

J'éprouve un singulier plaisir à rencontrer chez la délicate halaïk une auditrice attentive et crédule, et à me servir d'elle pour répandre, au dehors, ma haine de l'Allemand.

Ortakeuy, 3 mai.

Depuis le 25 avril la presqu'île de Gallipoli est inondée de sang, mais on ignore, ici, le résultat des combats. Ce que l'on sait, c'est que toutes les maisons réquisitionnées sont bondées de blessés et de malades; c'est que la plaine, à quelques kilomètres de Constantinople, vers Buyuk-Tchekmédjé, est sillonnée de fuyards, ressemblant étrangement aux hordes étranges qui apparurent à l'époque où l'on annonçait l'avance des Bulgares sur la capitale.

Les chrétiens, redoutant de probables massacres, tremblent; les musulmans sont agités d'une épouvante égale, à l'idée que les alliés seront ici, très vite, et séviront.

On rencontre des « effrayés » qui assurent entendre le bruit des canons, et la population se terre chez elle, dès que l'ombre menace de donner aux choses et aux pensées une forme plus tragique...

De nombreux transports partent de grand jour, se dirigeant vers la Marmara; on ne les voit jamais revenir, mais, au milieu de la nuit, on perçoit des sifflements stridents, le son alarmant de la sirène : le glas de ceux que l'on ramène et qui vont mourir...

Ortakeuy.

J'ai été saisi tout d'un coup du désir fou de m'éloigner, d'abandonner cette contrée où tout croule, où la rencontre continuelle des pirates en guerre contre ma patrie m'irrite; j'ai voulu partir et, quoique la démarche me fût pénible, je suis allé trouver Ruchdi bey pour le prier d'intervenir auprès de Bédri bey, le préfet de police, et de m'obtenir un sauf-conduit. J'ai mis en avant l'état délabré de ma santé, la nécessité pour moi de gagner la Suisse si je veux vivre quelques années encore.

Ruchdi a refusé la faveur attendue :

— Je ne puis m'entremettre. A l'heure actuelle, aucun sujet des États avec lesquels nous sommes en guerre ne doit quitter l'Empire.

J'ai parlé alors de services rendus, j'ai, brutalement, offert de l'argent. Il a été inexorable :

— C'est impossible, c'est impossible!

Je me suis donc fait une raison, je suis retombé dans cette espèce d'apathie qui me permet d'attendre le lendemain sans hâte, sans enthousiasme et sans dégoût!

Ortakeuy, 5 mai.

Hodja Hadji Mehmet effendi se hasarde jusque chez moi. Il veut savoir si je lui accorderais l'hospitalité le jour où les alliés, forçant les Dardanelles, entreront à Constantinople.

— Nous n'en sommes pas encore là, lui dis-je.

— Heu! heu! Dieu seul le sait, mais tout présage la débâcle. Tenez, — il baisse la voix, ce qui amène un sourire à mes lèvres, car nous sommes chez moi, loin des indiscrets, — il y a eu, là-bas, à Tchanak-Kalé (1) une révolte d'officiers; je l'ai appris, je ne puis dévoiler comment; on les a amenés ici et on a fusillé la majorité d'entre eux. Pour-

(1) Nom turc pour indiquer les Dardanelles.

quoi cette révolte, si ce n'est parce que certains des nôtres admettent l'inutilité d'une lutte criminelle dont les résultats, quels qu'ils soient, ne nous profiteront pas?...

Et, élevant malgré lui le ton :

— Ah! mon petit maître (1), celui auquel nous sommes redevables de tout ceci, l'invasion, la guerre, cet Enver maudit, qui a dû être ensemencé par le diable en personne, vous le supposez à la veille de paraître à la tête de nos soldats, alors qu'il occupe ses journées et ses nuits à jouer aux cartes, à un jeu infernal appelé poker, avec des traîtres de sa trempe et des femmes, qui n'appartiennent pas, Dieu merci, à notre religion! Quand donc notre peuple se réveillera-t-il et quand donc sonnera pour nos bourreaux l'heure de la justice divine?

(1) Expression familière.

Mais hodja Hadji Memet effendi a bien l'âme superficielle des enfants de son pays, car l'apparition de Bulbul, portant un cabaret chargé du traditionnel café et des traditionnels verres d'eau, — Bulbul, je l'ai écrit, est fort jolie, — éteint le courroux de mon ami le religieux pansu. Il oublie les misères qui accablent sa patrie et, à peine la halaïk a-t-elle dépassé la porte, qu'il s'exclame :

— Machallah! machallah (1)! la délicieuse créature!

Et il entreprend une dissertation sur les plaisirs de l'amour, que toute ma pudeur de civilisé se refuse à transcrire dans ce journal de vérité, de passion et de raison.

Le soir, j'aventure un éloge exagéré du hodja; cela m'attire une malicieuse ré-

(1) Interjection admirative.

ponse de mon extraordinaire compagne :

— Il sent mauvais et il est gras comme un péché !

Ortakeuy, le lendemain.

Je vis en un coin peu populeux d'Ortakeuy entre Bulbul, le cuisinier Kevork et le jardinier boiteux, loin de tout tapage, ignoré des gouvernants et de leurs espions. Dans le quartier, je passe pour être un croyant fervent et charitable : des pauvres ont frappé à ma porte, j'ai largement fait l'aumône; des collecteurs ambulants du comité de souscription pour la flotte m'ont demandé une obole, j'ai été généreux.

Je suis un prisonnier; ma prison, cependant, est confortable et je serais ingrat de m'en plaindre.

Petites ondées et, entre deux ondées qui sont comme des larmes d'enfant capricieux, un aveuglant soleil, un irradiant sourire de ce ciel d'Orient qui recouvre, aujourd'hui, l'abomination. Les arbres reverdissent, les fleurs s'entr'ouvrent parfumées, toute la nature s'éveille et le renouveau impassible, dédaigneux de tout ce qui révolutionne l'univers, fait gazouiller les oiseaux.

Je suis là, debout devant la fenêtre ouverte, devant cette nature en gestation, gestation exubérante qui, demain peut-être, se recouvrira de cadavres et de sang!

Dans l'air, des hirondelles font des cercles en sifflant; des gypaètes aux cris larmoyants tournoient au-dessus des endroits où elles trouveront une immonde subsistance; et de larges nuages noirs, formés par des milliers de corbeaux, se dirigent, dans un tapage assourdissant, vers Scutari d'où, de nouveaux contingents se joignant à eux, ils gagneront les champs de bataille, s'élanceront à la curée des cadavres que la nécessité des combats leur abandonne en pâture...

Et c'est la brise d'est qui souffle, cette brise qui, portant sur ses ailes les maladies et les épidémies, transporte, en jetant des sourires, d'une contrée à l'autre, les frissons, les convulsions, les vomissements et la mort!

Je suis là, debout devant ma fenêtre, et mon cerveau est lourd de pensées sombres, ces pensées que Nébilé savait, d'un geste de sa main fluette et parfumée, éloigner de mon front. On vivait à cette époque l'un par l'autre, l'un pour l'autre. A présent, je souffre davantage d'ignorer si, là-bas, en France, mes frères sont victorieux, et de nourrir en moi une rage impuissante contre les barbares qui ont ouvert une plaie dans les flancs de ma patrie!

11 mai.

Un vent d'épouvante a soufflé aujourd'hui sur la ville. Une canonnade du côté de Cavak, qui s'entendait distinctement jusque sur les hauteurs de Péra, a laissé supposer, un court instant, que le régime turco-allemand touchait à sa fin. Illusion folle, dissipée le soir quand la capitale et ses environs sont retombés dans le silence de tous les jours.

Mais on a assisté, durant quelques heures, à une scène inoubliable, à la débandade de la population, véritable troupeau d'aliénés, saisie de panique, galopant, fouettée par le désir de se cloîtrer chez elle; et les gens, les sens paralysés, se portaient dans des directions opposées à celles qu'ils suivaient machinalement tous les jours, cherchaient à se retrouver et, n'y parvenant pas, interpellaient d'autres fuyards qui ne répondaient pas; puis, à bout de souffle, finissaient par s'engouffrer sous la première porte offerte en demandant asile.

Et, au milieu de ce pandémonium, le fracas des devantures de magasins que l'on abaisse, les cris des enfants, le roulement des voitures dont les cochers fouettent à tour de bras les rossinantes éclopées, les aboiements des chiens qu'effrayent tout ce tumulte inusité...

Ortakeuy, 14 mai.

Aujourd'hui le docteur Arif bey me rend visite. Il se présente en apôtre de la charité. Il a reconnu, par hasard, Mehmet, mon excocher, parmi un troupeau de malheureux blessés, retour des Dardanelles, que l'on a parqués, tels des choses sans nom, dans des maisons où rien n'a été préparé pour les soigner. Le docteur me propose de le prendre chez moi. Ainsi ce serviteur, dont je n'ai jamais eu qu'à me louer, pourra recevoir des soins qui le remettront rapidement sur pied, ses blessures étant légères; actuellement il risque de s'en aller, pareillement à tant d'autres, de gangrène et de tétanos.

Le docteur se charge d'amener Mehmet et s'engage à venir, chaque jour, changer les pansements du pauvre bougre.

Combien mon vieux Mehmet se réjouit d'être enfin de nouveau dans un bon lit et des draps blancs !

Je le menace de le renvoyer d'où il vient s'il ne se tait pas; en vain, il m'accable de remerciements et de bénédictions; il me baise les mains, il pleure presque en s'écriant :

— Ah ! mon maître, j'ai bien cru que je n'en reviendrais pas !

Bulbul, sermonnée par moi, consent à abandonner ses préjugés de musulmane et à soigner, à visage découvert, le vieil ami qu'elle a toujours eu en Mehmet. Elle écoute attentivement les prescriptions du docteur, et rien n'est curieux comme de constater avec quelle exactitude elle observe ses recommandations. Mehmet, émerveillé, bredouille à tout bout de champ :

— Maître, elle est d'or !

Le soir, afin de récompenser la nouvelle garde-malade, je l'embrasse sur le front. Elle me jette aussitôt un tel regard que je me promets de ne plus recommencer. On souffre trop lorsque l'on aime, et je me refuse à faire souffrir ma gentille poupée, la Circassienne !

Lors de ses visites quotidiennes, Arif bey, d'ordinaire peu loquace, se déboutonne petit à petit. Il se dit écœuré de tout ce qu'il voit, de la négligence des fonctionnaires chargés de pourvoir aux besoins des blessés et des malades, qui se chiffrent par milliers. Ce qui est plus grave, et menace l'avenir, c'est que l'on enferme pêle-mêle, en des salles malpropres et mal aérées, des blessés et des malades suspects.

Je m'exclame :

— Serions-nous menacés d'une épidémie de choléra?

— Choléra?... Ce qui nous guette est bien pire, c'est le typhus des camps, le typhus noir qui a dévoré et dévore encore aux Serbes plus d'hommes que la mitraille; et nos troupiers, la population des bas quartiers, sont sans défense contre un pareil fléau.

Et, en me quittant, il lance une dernière flèche :

— Le typhus noir, l'enfant des poux; c'est cela, prenez garde aux poux (1).

Ortakeuy, 15 mai 1915.

Le jour où l'on apprit à Constantinople que les Anglo-Français recommençaient à débarquer des troupes aux Dardanelles, les Allemands expliquèrent aux Turcs qu'en Belgique ils plaçaient des non-combattants sur le front de leurs armées afin d'arrêter l'élan des adversaires; et ils conseillèrent à leurs alliés de pratiquer, sous une autre forme, ce méprisable système : il s'agissait d'embarquer sur un vieux navire les principaux

(1) L'on sait que le typhus noir, ou typhus exanthématique, est propagé par un genre de poux qui se loge sur le corps humain.

notables, français, anglais et russes, encore à Constantinople, et d'exposer ce bâtiment au feu des flottes ennemies.

Le projet ayant été admis, on en informa l'ambassadeur des États-Unis et on fréta un vapeur de la *Mahsoussé* — qui dormait, sans espoir de réveil, au fond de la Corne d'Or — sur lequel on fit monter les victimes choisies. Le bateau s'en alla péniblement et ceux qui assistèrent à ce départ eurent un affreux serrement de cœur : il y avait là des amis très chers que l'on ne reverrait plus...

Mais, ô miracle, le troisième jour le navire revint — à la suite de quelle intervention, on l'ignore — ramenant ses passagers.

L'épreuve que subirent les « revenants » fut angoissante, cependant elle disparaît, n'est plus qu'un incident, comparée à la saisissante et atroce histoire de l'Anglais X... bey.

Celui-ci, turcophile enthousiaste, servit le

gouvernement ottoman comme instructeur de la gendarmerie et parvint, après vingt-cinq ans, au grade de colonel. Le nouveau régime provoqua sa mise à la retraite et son ressentiment; depuis lors il ne se gênait pas pour ridiculiser les Jeunes-Turcs.

X... bey faisait partie du funèbre convoi. De caractère violent et fantasque, il a dû, se croyant irrémédiablement perdu, se répandre en paroles amères, crier à ses bourreaux des vérités cruelles, découvrir les ignominies dont il a été le témoin, laisser supposer, dans un mouvement de vantardise exagérée, qu'il n'était demeuré à Constantinople que pour mieux servir sa patrie.

Aussi, lorsque le vapeur rentra au port, et alors que les autres otages étaient rendus à la liberté, X... bey débarquait les poings et les pieds enchaînés.

Des personnes qui le connaissaient le

virent passer goguenard. Il plastronnait, il riait même. Il croyait connaître les Turcs et s'amusait à l'idée de jouer au héros de comédie.

Il riait!... Il ne soupçonnait pas le sort affreux qui l'attendait; il ne pouvait pas savoir que pendant des heures et des heures entières il ferait frémir d'épouvante ceux qui entendraient ses hurlements de forcené, ses ricanements de damné; il ne savait pas qu'il existe sur la terre des supplices pires que la mort, plus épouvantables que les plus épouvantables maux qui s'acharnent parfois sur la créature!

Il riait alors, mais plus tard...

Des brutes humaines le dévêtirent : X... bey, tout à coup silencieux et grave, se laissa faire...; elles le dévêtirent, l'étendirent sur un meuble, qui ressemblait à un chevalet, immobilisèrent ses bras et ses jambes...

X... bey comprit. Il jeta un cri sauvage, l'appel affreux de l'homme qui se sent perdu! Puis le drame commença.

On plaça sous ses aisselles et entre ses cuisses des œufs bouillants; on emprisonna ses genoux entre des fers rouges; on trempa ses pieds dans de l'huile en ébullition et on arracha, de ces pieds meurtris, les ongles, un à un...

A chaque nouveau supplice on l'interrogeait, et, comme il déclarait n'avoir livré aucun secret, car il n'en connaissait aucun, on renouvela les tortures. Après les pieds, ce fut le tour des mains...

Cela dura plusieurs heures...

Un des bourreaux, — moins bourreau que les autres, — incapable de supporter, jusqu'à la fin, les cris du patient, demanda à être remplacé. Un officier allemand le menaça de son revolver. D'émoi, le sang lui sortit par le nez et par la bouche, et il s'écroula, comme une masse, auprès du meuble où X... bey pantelait, l'écume aux lèvres...

X... bey n'est pas mort. Il est devenu fou (1). Il mourra en hurlant, son corps continuant à souffrir et cette souffrance — seule réalité qu'il reconnaisse — le portant à s'imaginer qu'il est toujours sous la griffe de ses tortionnaires!

... Mes doigts tremblent en relatant cet hallucinant épisode de l'histoire des crimes d'une bande hideuse, histoire dont tous les affreux détails ne seront pas connus avant le jour où les défenseurs de la civilisation rétabliront la croix sur Sainte-Sophie, redevenue chrétienne!

(1) Je n'ose révéler le nom de X... bey, celui-ci ayant en Occident des parents qui ignorent sans doute l'horrible forfait noté ici.

Ortakeuy, mai.

Je m'installe au chevet de Mehmet et je l'invite à me narrer ses aventures de guerre. A travers son récit maladroit je saisirai, peut-être, la véritable situation de ceux qui combattent pour nettoyer la Turquie de l'immonde Teuton.

« Tout d'abord, raconte Mehmet, le voyage a été dur, nous étions trois mille sur un bateau où, debout et serrés les uns contre les autres, deux mille hommes auraient été mal à leur aise. Puis, en route, j'ignore comment naquit ce bruit, on s'est chuchoté que trois transports qui nous précédaient venaient d'être coulés par un torpilleur ennemi. Beaucoup d'entre nous traitèrent l'histoire de plaisanterie; d'autres, y ajoutant foi, ne cessèrent d'invoquer Mahomet. Ces derniers avaient raison, car le désastre nous fut confirmé plus tard.

« Au bout de trente-six heures, nous débarquâmes à Tchanak-Kalessi. Il y avait là beaucoup de troupes, les uns assuraient que nous étions cent quatre-vingt, d'autres deux cent mille; le certain, c'est que notre nombre était si grand que nous nous étendions sur des lieues et des lieues et qu'aussi loin où se portaient les regards, le sol était noir d'hommes.

« Nous sommes restés campés deux ou trois semaines. Je ne puis rien fixer exactement, car le tapage qui m'est entré dans les oreilles, le spectacle infernal auquel j'ai assisté, m'ont fait perdre la notion du temps. Durant que nous campions, nous occupions les jours, et souvent les nuits, à creuser des tranchées et à placer des réseaux de fils de fer. Ceux qui dirigeaient nos travaux étaient surtout des

Allemands. Ces êtres-là sont des brutes et non pas des hommes. Jugez-en. Lorsque nous n'allions pas assez vite ou bien que notre travail ne les satisfaisait pas pleinement, ils donnaient des ordres à ces officiers nouveau régime, qui se courbent devant eux comme nous nous courberions devant le Sultan, et on nous brutalisait. Un de mes camarades, ayant reçu un coup de cravache, s'est rebiffé; alors, le commandant allemand lui a brûlé la cervelle. Pourtant, c'était un de ceux qui abattaient le plus de besogne, mais c'était en même temps un homme et, les coups, c'est pour les chiens.

« Enfin la grande bataille a commencé. Étant les derniers venus, nous devions marcher les derniers; en attendant, le fracas assourdissant des canons nous donnait la chair de poule. Le tir était si fréquent qu'un nuage s'élevait entre la terre et le soleil; le sol tremblait et, tout autour de nous, qui étions très éloignés de la ligne de combat, il pleuvait des pierres et de la mitraille.

« Ah! nos adversaires sont des lions; ils se précipitent cinq cents contre cinq mille et ils nous forcent à reculer. Si nous n'avions pas l'invention diabolique des tranchées, les Anglais et les Français seraient ici à l'heure où je vous parle.

« Il y a dix jours, ç'a été le tour de mon régiment d'aller de l'avant. Nous nous sommes avancés de nuit. Nous étions des milliers et des milliers et, comme nous savions que les ennemis en face de nous étaient peu nombreux, nous nourrissions la certitude de les rejeter à la mer.

« Nous avancions en masse compacte, coude à coude, et tout cédait à notre poussée. Il faut dire, pour être sincère, que nos adversaires se défendaient avec acharnement, dix contre cent, mais quand même ils s'écroulaient, sans un cri, les uns après les autres. En voyant cela, nous poussions des hurlements de victoire. Nous nous pressions trop cependant, car, à l'aube, les lignes ennemies résistaient toujours. Tout à coup je ressentis une défaillance. J'étais touché, je tombai. J'eus assez de forces pour m'écarter des milliers d'hommes qui me suivaient et menaçaient de me fouler sous leurs pieds. Je rampai; je rampai durant une heure qui me parut longue comme un jour de jeûne! Lorsque je pus me reposer, je regardai et, alors, maître, je compris que nous ne serions jamais vainqueurs, quels que fussent notre nombre et la force de nos canons. Brusquement, chez les nôtres, ce fut la déroute, un corps d'armée fuyant en désordre et en tumulte sous la pression de quelques bataillons. Les officiers allemands cherchaient à retenir les fuyards, ils leur enfonçaient l'épée dans la chair, ils tiraient à bout portant sur eux; mais rien n'y faisait, c'était le désastre! Ceux qui nous attaquaient, et dont la plupart portaient des tarbouches semblables aux nôtres, ne craignaient pas la mort; ils jetaient leurs fusils et avec des sabres, grands comme des couteaux, ils fauchaient dans nos rangs, méprisant nos balles, de la façon dont on coupe, dans les campagnes, les herbes destinées aux bestiaux.

« Et les rugissements qui remplissaient les airs étaient effrayants! Enfin le canon s'est tu, le silence a succédé à l'orage. Il ne resta plus que des morts, allongés et empilés les uns sur les autres, sur une étendue sans limites. Au-dessus de ces cadavres, ondulait comme une buée rose : le sang des morts, réchauffé par les rayons ardents du soleil, qui remontait au ciel...

« Maître, maître, je suis un simple et mes

expressions sont simples, mais j'aimerais mieux mourir à l'instant que d'assister une fois encore à un semblable spectacle. Et quand on songe que le carnage continuera et que nous serons vaincus!... »

Bulbul a écouté ce récit les yeux élargis d'horreur et je me demande quelles doivent être les sensations de ceux qui assistent à une bataille, si un modeste récit nous accable d'une impression d'angoisse si tragique!

Lundi 24 mai.

L'Italie a déclaré la guerre à l'Autriche; cela n'émotionne pas outre mesure l'esprit public : l'Italie est si loin et les Dardanelles, où se joue le sort de Constantinople, si près de nous.

Chacun tremble pour soi-même; les uns craignent les excès des troupes étrangères le jour du forcement des Détroits, les autres les brutalités allemandes si les Germano-Turcs restent, par une saute du sort, les maîtres de la capitale; aussi tout ce qui se trame sur le reste du Continent laisse la foule inerte, indifférente.

Le gouvernement publie de nouveau une décision du Conseil des ministres interdisant aux étrangers de quitter le sol ottoman; et je songe au désappointement des nombreuses familles qui, dès la déclaration de guerre italienne, préparèrent leurs malles avec une hâte fébrile de s'éloigner de cette terre, aujourd'hui maudite!

Arif bey me confie que trois sous-marins allemands ont réussi à traverser la mer du

Nord, l'Atlantique et la Méditerranée; qu'ils ont pénétré la veille dans la baie de Constantinople et qu'ils sont, en ce moment, ancrés en face du palais de Dolma-Bagtché. On procure, de la sorte, au vieux Sultan, l'illusion de la force et de la victoire proche.

Arif bey professe des sentiments anti-allemands, mais il s'émerveille de l'audace des Teutons, qu'il taxe, en rougissant, d'extraordinaire et d'admirable.

La nouvelle m'assombrit et je rage de ne pouvoir la transmettre à ceux de ma patrie, aux Dardanelles !

Ortakeuy, 28 mai.

Jusqu'à ces derniers temps le muezzim, de la mosquée proche de chez moi, était jeune et vigoureux. Lorsqu'il lançait, aux quatre points cardinaux, l'appel à l'adoration du Maître Suprême, le son de sa voix éclatait à travers l'espace aigu, solennel comme un cri d'aigle! A présent, où tous les hommes valides sont envoyés sur les champs de bataille, le muezzim qui tourne autour du minaret, au-dessus des maisonnettes environnantes, est très vieux. Il a une longue barbe blanche et son cri affaibli, dont les mots sont hachés par la brise, ressemble à une misérable plainte d'enfant.

Je l'observais tout à l'heure, j'apercevais ses bras levés, ses mains à plat sur ses oreilles, son corps penché au-dessus du vide et je voyais les ruelles, conduisant à la mosquée, se remplir de croyants qui accouraient à l'appel du berger.

En ces heures noires, où la plus sanglante guerre des siècles passés menace de changer l'aspect du monde, les églises, les temples, en ma France chérie, se remplissent également, je présume, de fidèles; en ces heures d'atroces luttes, l'univers entier se traîne à genoux, l'âme tendue en une folle supplication vers le Souverain dont le rôle aride est de soutenir la cause du juste et du faible, de consoler et de soulager ceux qui pleurent, de pardonner à ceux qui ont péché et qui se repentent!

Mais le Créateur assiste, semble-t-il, impassible à la destruction de ce qu'il a créé. Il refuse d'arrêter l'innommable carnage; il refuse d'écouter les supplications des mères, des épouses; les imprécations de ceux qui succombent et des moribonds qui aspirent à vivre.

Peut-être, pourtant, Dieu ne se désintéresse-t-il pas, malgré les apparences, d'une conflagration d'où naîtront — il le sait, il le voit — des peuples nouveaux, les uns, purifiés par la souffrance, anoblis par la victoire; les autres, corrigés, punis par l'adversité, les irréparables défaites!

Samedi 29 mai, midi.

Les navires, les voiliers et jusqu'aux felouques immobiles, comme endormis sur rade, sont pavoisés! Quelle victoire les damnés Allemands ont-ils encore décidé de proclamer? J'ai un terrible battement de cœur; l'incertitude m'étouffe, je cours aux nouvelles.

A Péra les visages rayonnants, les exclamations, coupées de rires bruyants, des Teutons et des officiers qui encombrent les trottoirs, aggravent mon malaise. J'achète l'*Osmanischer Lloyd,* la puante feuille aux gages du kaiser manchot, et je me réfugie, pour la lire, chez M. V..., mon ami le libraire, l'érudit compatriote qui affronte courageusement l'inconnu sombre qui guette le petit nombre de Français assujettis à la férule ottomane.

Je le découvre dans son magasin, au fond du passage Oriental, entouré de quelques Français retenus, comme lui, dans la fournaise, par des nécessités ou des devoirs plus puissants que la peur.

Je tiens ma gazette à la main et je n'ose la déplier.

— Avez-vous lu, me demande M. V..., un désastre! Mais ces sauvages ont tort de se réjouir, les Anglais se vengeront et nou aussi.

Alors je lis : « Les cuirassés britanniques *Triumph* et *Majestic* ont été coulés par nos sous-marins... ». Ces deux lignes me suffisent, j'abandonne les colonnes suivantes, d'écœurants hosannas à la gloire de l'Empire de la Kultur et de la Turquie.

Nos ennemis triomphent, car ils supposent — ce serait pour nous le véritable désastre — que les sous-marins, dons d'une Allemagne impuissante en d'autres mers, forceront les grosses unités de la marine anglo-française à s'éloigner, mettant de la sorte l'avance des alliés en péril; et nous craignions de nous souvenir que, faute d'une flotte, les Bulgares ne purent vaincre à Tchataldja...

Pourquoi les mécréants se taisent-ils sur la récente destruction, par un sous-marin britannique, du *Messoudieh*, de deux canonnières et d'un transport qui portait quatre mille hommes aux Dardanelles?

Nous nous en entretenons, nous autres, à mi-voix, les regards tournés vers la porte vitrée, dans la crainte d'une interruption fâcheuse, et, pour atténuer l'impression décourageante causée en nous par la terrible nouvelle, nous magnifions les succès des alliés aux Dardanelles, ces succès dont parle le *Corriere della Sera*, — reçu en contrebande, — succès que confirment de multiples indices dont le plus symptomatique est l'exode de nombreuses familles allemandes qui pressentent que l'heure des représailles est proche; succès dissimulés soigneusement au peuple, auquel on représente la défaite des Franco-Anglais comme accomplie!

Mais le peuple, tenaillé par la misère, se laisse-t-il abuser? Nous en doutons, car il n'est pas sans se demander pourquoi on ne reçoit pas des nouvelles de ceux qui sont partis; pourquoi les hôpitaux regorgent de blessés; pourquoi il est défendu, sous peine de passer en cour martiale, de discuter les faits de guerre; pourquoi, enfin, les espions pullulent partout?

Et chacun ayant dit son mot, on en revient à parler de soi-même. Personne ne s'illusionne. La situation de ceux qui sont ici est critique; le péril, à l'examiner froidement, est grand. Pour peu que la campagne se prolonge, on se trouvera à la merci d'un soulèvement de fanatiques ou d'affamés.

Je regagne le coin paisible, où s'élève mon logis, obsédé par tout ce que je viens d'entendre, le cœur pesant et gros d'incertitudes. Il me semble que je ne verrai jamais le terme de toutes ces horreurs, que la guerre durera jusqu'à la fin des temps, et que plus jamais les hommes ne connaîtront les heures tranquilles des époques de paix.

Mes pensées sont distraites par des êtres faméliques qui réclament du pain; par des enfants presque nus qui pleurent parce qu'ils ont faim; par des figures tragiques qui, ignorant les paroles avec lesquelles on apitoie les passants, tendent simplement la main; par des soldats, des blessés déguenillés, accroupis au soleil, aux portes d'hôpitaux improvisés, qui regardent droit devant eux avec des regards de fous. Qu'ont-ils donc vu de monstrueux, ces malheureux, pour conserver, le danger passé, l'attitude égarée des réprouvés?...

J'éprouve une satisfaction égoïste immense à retrouver la quiétude de mon luxueux intérieur, à revoir le frais et consolant visage de Bulbul, à pouvoir admirer, sans qu'une image de misère le défigure, le panorama du Bosphore, radieux en cette voluptueuse journée de printemps.

J'ai la sensation de sortir de l'enfer et d'entrer dans le paradis !

Cinq heures du soir.

Que subsistera-t-il bientôt de ce qui orientalise le spectacle sous mes yeux, des cahutes et des maisonnettes vieillies, noirâtres, peintes en rouge, en blanc, en vert, tapies entre les collines de la verdoyante côte d'Asie? Que subsistera-t-il de la ville de dômes et de minarets, où se suivent, majestueux, les immenses cimetières et leurs forêts de cyprès?

Demain ce sera l'invasion, l'émigration de mes frères d'Islam en Anatolie. Ils continueront à y isoler les femmes en des habitations aux fenêtres closes, cachées au sein de jardins incultes, assombris par des noyers sauvages, où ils rechercheront, les soirs d'été, un peu de fraîcheur en attendant la nuit; en cette Anatolie fruste et arriérée où ils continueront à somnoler jusqu'à l'heure suprême de la fin reposante.........

Des vapeurs du Chirket, chargés de troupes, descendent le Bosphore, glissent lentement vers les cargos allemands qui, dans le port, attendent sous pression la cargaison humaine pour la mener au trépas........

Un murmure, des portes claquent, et voici Ruchdi qui, les traits dévastés, tremblant comme un fiévreux, s'écrie d'une voix altérée :

— Nous sommes perdus, la flotte ennemie, ayant forcé les Dardanelles, est ici.

J'observe ce vaillant champion de l'Union et Progrès, ce pourrisseur des masses, et je me l'imagine frappé de démence, car j'étais, à l'instant, penché à la fenêtre et, d'Ortakeuy à la pointe de Scutari, c'était un calme absolu.

— Vous en doutez, continue Ruchdi, j'accours vous demander protection après avoir vu le *Stambul*, amarré à Sirkédji, disparaître dans les flots.

— C'est probablement la besogne d'un sous-marin; de là à parler de toute une flotte...

— Vous pensez, vous pensez? balbutie Ruchdi en s'épongeant le front d'un geste de maniaque.

— L'effroi vous égare, lui dis-je, asseyez-vous et calmez-vous.

— Vous pensez, vous pensez?

— Oui, je le crois; il est, du reste, facile de s'en assurer.

J'appelle le jardinier et je l'envoie aux informations. Il revient au bout de quinze minutes.

C'est une réédition de la panique du

11 mai, le sauve-qui-peut d'une foule ignorant au juste le danger qui la menace et qui s'est mise à courir parce qu'un quidam a crié : Voici les Français !

En vérité, un sous-marin anglais, qui parcourt depuis dix jours la Marmara en vengeant nos morts, triomphant d'obstacles paraissant infranchissables, s'est aventuré jusqu'ici et a détruit un corsaire teuton. Il a malheureusement épargné un des cuirassés, grâce auxquels les Turcs se déclarent invulnérables.

Ruchdi se calme. Sa vie n'étant pas en danger, il dit : « Ce n'est que ça. » Il rit, il plaisante — je l'ai noté ailleurs, les jeunes fanfarons turcs sont d'inconscients mais de sinistres bandits, d'autant plus sinistres que la lâcheté est leur devise —; pour un peu, Ruchdi nierait qu'il a été la proie de la « grande frousse ».

Je mêle mon rire au sien, mon cœur palpite de joie. Je ne me préoccupe pas des victimes, je ne pense qu'à la brillante entreprise du sous-marin allié; tant il est vrai que notre humanité s'arrête où commence la vengeance!

2 juin.

Hakki bey, un membre de ce fabuleux Comité qui méritera de la postérité le nom de « Comité des traîtres », un nationaliste forcé de se joindre aux Jeunes-Turcs afin d'échapper à l'exil, m'entretient des énergumènes au pouvoir qui, tout en ayant le sentiment d'un désastre final, poussent à la guerre pour complaire aux Allemands dont la présence, s'imaginent-ils, retient la fureur populaire qui gronde, grandissante, autour d'eux. Croyant prévenir le danger, ils emprisonnent les civils et fusillent les militaires imbus de théories anti-allemandes.

Mais, malgré les arrestations en masse, malgré des exécutions précédées de tortures inouïes, le parti de la paix grossit journellement. Ce parti réalisera-t-il ses aspirations sans déchaîner une guerre civile qui complétera la déchéance? C'est là, considérant la mentalité du peuple musulman, un problème impossible à résoudre.

— Vous n'ignorez point, continue Hakki bey, que nous sommes à la veille de manquer de charbon et de pétrole, que le pain se fait rare, que le typhus, qui dévaste l'Asie, est apparu dans nos murs, et qu'au Caucase, en Égypte, aux Dardanelles, partout, nous subissons des défaites.

Comment espérer résister à tous ces fléaux autrement qu'en nous soumettant à ceux qui nous attaquent, en ouvrant nos portes à une invasion moins néfaste pour nous que l'invasion allemande. Le peuple se convaincra de cette nécessité lorsque, piétiné davantage par l'adversité, il apercevra la perspective que lui laisse sa soumission : la maladie, la famine! C'est à ces maux que nous serons redevables d'un réveil éclatant de la conscience publique. En attendant, ce peuple souffre stoïquement en silence; en attendant, les traîtres à la patrie, la camarilla des Enver, des Talaat et des Hadji Adil, mènent une existence délicieuse : les femmes leur sont charitables, les cartes passionnantes, les misères de la plèbe profitables.

Ces hors nature s'amusent, entassant de l'or pour plus tard, et c'est Djavid bey, le Sémite salonicien, dont les fréquents voyages à Berlin ne sont un secret pour personne, le Sémite cauteleux qui, il y a à peine un an, faisait une terrible ponction au bas de laine français, qui est chargé de « taper » aujourd'hui le coffre-fort teuton. Son boniment est invariable : le trésor ottoman est à sec et, si l'on ne nourrit pas l'armée et le peuple, les uns et les autres forceront la main au gouvernement pour exiger une paix séparée. L'Allemagne offre quelques millions, Djavid revient; et l'armée et le peuple n'ont jamais été plus pauvres, n'ont jamais vu de plus près le spectre de la hideuse famine.

Ce qui se passe est monstrueux, je m'en indigne en secret et ma conscience se révolte, mais je dois me borner à ces désaveux platoniques, autrement mon cadavre irait rejoindre les corps de ceux qui ont protesté ouvertement contre le scandaleux état de choses actuel. Aujourd'hui, opposition signifie trahison, et la vie d'autrui est valeur négligeable aux yeux d'êtres dont le principal souci est de se protéger de la mort.

Il y a des instants où mon dégoût est tellement profond que je consentirais n'importe quoi afin de pouvoir fuir; j'irais n'importe où, mais le cœur en joie, mendier, s'il le fallait, le long des routes étrangères, hors de cette contrée où tout est imprécations, blasphèmes et gémissements.

— Oui, j'avais également formé le rêve de partir, malheureusement mes démarches sont restées infructueuses.

Hakki s'étonne.

— Pourtant vous êtes riche.

— Ma richesse, vous le voyez, ne m'a servi à rien.

— Désirez-vous toujours partir?

— Certainement!

— Et vous paieriez?

— Tout ce que l'on voudra.

— Eh bien! patientez, je connais un personnage influent, qui est également un vilain personnage, dont les pertes au jeu sont conséquentes et qui consentira peut-être, je dis peut-être, remarquez-le bien, à intervenir pour vous obtenir un sauf-conduit et garnir sa bourse. Si je réussis dans mes démarches, vous me confierez votre castel et un drapeau français.

J'accepte et Hakki bey s'en va en jurant qu'il plantera ses jalons le soir même.

Ortakeuy, juin.

Les jours se succèdent et la misère, la nervosité générale augmentent. L'attention est de moins en moins intéressée par le compte rendu des succès turco-austro-allemands, les incidents relatifs à la vie locale prenant une importance croissante.

Un officier teuton, en promenade à Stamboul, a été massacré hier, à coups de revolver, par un musulman à l'allure distinguée, qui, d'après les journaux de ce matin et suivant le cliché habituel, est atteint d'aliénation mentale. Aucun patriote ne songerait, ajoute la gazette, à attenter à la vie d'un de ces vaillants Allemands venus offrir bénévolement leur épée pour la défense de l'Islam!

Les blessés évacués des Dardanelles sont si nombreux que le service de santé, dans l'impossibilité de se procurer les médecins nécessaires, les transporte n'importe où et les abandonne à eux-mêmes. Alors, les moins atteints, s'échappant des abris remplis de lamentations, s'égarent à travers la cité. On en rencontre qui se traînent en geignant, d'autres qui, privés de souffle, s'affalent aux coins des rues et ferment leurs yeux comme pour mourir...

Détails poignants d'un drame dont les scènes se répètent et qui inspireraient à l'ennemi le plus cruel une immense compassion!

Un de ces malheureux s'est échoué à ma porte. Il tâchait de gagner Emirghian, où il a de la famille, quand ses forces l'ont trahi. Il a faim, il a soif et son pied droit, déchiqueté par un éclat d'obus, enveloppé d'un linge noir de sang et de boue, le torture.

Nous le couchons dans la chambre où Mehmet achève sa convalescence; nous l'invitons à apaiser sa faim, à étancher sa soif; puis Bulbul, le visage en partie caché sous un voile, m'aide à panser sa plaie. Celle-ci, envenimée par la marche et le manque de soins, est hideuse. Bulbul n'en peut supporter longtemps le spectacle : ses mains tremblent, ses jambes se dérobent. Je la renvoie bien vite avant qu'elle ne défaille.

Le blessé aspire maintenant à dormir; cependant, avant de le quitter, je lui demande :

— Comment cela va-t-il, là-bas?

Il murmure, prêt déjà à s'enfoncer dans le pays des songes :

— L'enfer!... L'enfer!...

L'entrée du cimetière où repose Nébilé m'est interdite; on y a installé des tentes et, sous les tentes, des malades suspects.

C'est encore là une de ces mesures macabres dont les Turcs inconscients sont coutumiers : installer des malades, qui, pour guérir, doivent oublier la mort, dans l'enceinte des morts!

10 juin.

L'homme serait-il ainsi constitué qu'au sein des pires catastrophes et des plus graves préoccupations il suffirait d'un être entrant tout d'un coup dans sa vie, ou même d'un fait risible et quelconque, pour distraire sa douleur? Cette facilité que nous aurions de dédoubler notre sensibilité expliquerait-elle pourquoi peu de créatures meurent de chagrin?

J'écris ceci en songeant combien, en dépit de mon deuil et des calamités actuelles, Bulbul a pris de place dans mon existence.

J'ai demandé l'autre jour à Bulbul pourquoi elle teignait ses ongles en rouge. Elle m'a alors expliqué que c'était une coutume de son pays et que les femmes qui ne s'y soumettaient pas étaient considérées comme des infidèles.

Désireux de la taquiner j'ai taxé pareille coutume de barbare, car elle enlaidit les mains, ajoutant qu'en ma contrée qui est, il est vrai, le berceau des infidèles, les femmes soignaient leurs mains avec l'attention qu'elles apportaient à soigner leur visage.

Bulbul a accueilli ma remarque d'un regard singulier et nous sommes retombés tous deux dans le mutisme qui préside à nos soirées.

La présence, auprès de moi, de cette gamine m'est devenue, par l'habitude, une nécessité et si, parfois, elle tarde à venir occuper sa place en un coin d'ombre de mon cabinet de travail, je me sens désemparé. Pourtant je ne saurais plus aimer aucune femme, car aucune femme ne me fera oublier

Nébilé. Serait-ce donc simplement que je subis malaisément la solitude et qu'un frôlement de robe est nécessaire à ma vie?

Tout à l'heure j'ai invité Bulbul à se rapprocher du divan où, étendu, j'essayais de lire. Obéissant à mon appel elle a consenti à s'asseoir sur un fauteuil en face de moi.

Par une habitude de dépendance, qui m'est pénible, elle a posé ses mains à plat sur ses genoux et j'ai aperçu ses ongles; ceux-ci n'étaient plus carminés...

— Bulbul, ai-je dit, nous allons nous séparer; bientôt, peut-être, rentrerai-je en France.

Bulbul a poussé un cri :

— Emmenez-moi avec vous, maître, emmenez-moi avec vous!

— Enfant, c'est impossible.

Les yeux de la halaïk se sont remplis de larmes subites :

— Emmenez-moi; ici, sans vous, que deviendrai-je?

J'ai saisi une de ses mains, une main petite et douce :

— Vois-tu, c'est impossible; pour quitter ce territoire il te faudrait un passeport et personne ne consentira à te le délivrer; puis je rejoins ma patrie, en guerre actuellement avec la tienne, et on n'y admet pas les ennemis. Sèche tes pleurs, je m'éloigne, l'atmosphère de la Turquie étant malsaine pour un Français, mais je reviendrai un jour et, si tu le veux, tu retourneras vivre sous mon toit, comme aujourd'hui.

Bulbul s'est entêtée :

— Que deviendrai-je? Je vous en supplie, maître, emmenez-moi.

— Écoute, je ne t'abandonne pas pour toujours; je te confierai à Dilara hanoum et elle aura soin de toi. Du reste, pourquoi te chagrines-tu de la sorte puisque je ne suis pas encore certain de quitter ces lieux.

Bulbul a relevé la tête et elle a cessé d'insister. Elle a regagné son coin d'ombre et n'a plus bougé, le regard vague, regardant au fond d'elle-même comme on regarde une histoire triste ou, encore, des choses confuses d'où naissent les chimères.

Je me suis persuadé que la gamine se résignait. Après tout, me suis-je dit, son chagrin ne résistera pas à quelques jours d'absence; elle prendra des habitudes nouvelles qui effaceront celles qu'elle s'effraye de perdre aujourd'hui.

8 juin.

Le clan des Grecs est en émoi : l'archimandrite Alexandre a été emprisonné pour une parole imprudente à ses ouailles, sans que le patriarche en ait été informé au préalable, et cela est un défi aux privilèges conférés à l'Église orthodoxe; les Grecs sont chassés de leurs villages, ils affluent à Constantinople, traînant après eux tout ce qu'ils ont pu emporter, et c'est peu de chose. On les installe dans les écoles, mais ils sont des centaines et leur état déplorable, l'agglomération en des locaux exigus, permettent de craindre que le fléau, qui vide les casernes et les hôpitaux, ne les fauche à leur tour.

Et lorsque l'on sait qu'en Grèce les frères de ces réfugiés aident au ravitaillement de leurs oppresseurs, on est heureux de ne pas appartenir aux races hybrides du Levant, dont le patriotisme le plus ardent fléchit et s'abandonne devant un sac d'écus!

Un pèlerin, un de ces marabouts à demi fous que la superstition musulmane élève au rang de prédestinés, qui parcourent les chemins une houlette à la main, le corps nu sous une houppelande crasseuse, les cheveux longs, s'est installé sur une borne.

Il prononce des paroles incohérentes; les passants s'attroupent. Le fou menace, puis il rit; les simples qui l'entourent l'imitent. Il s'encolère de nouveau, il divague : « La vengeance d'Allah s'appesantit sur nous, car nous avons marié notre sang au sang des ghiaours; l'enfer ouvre sa fournaise; tuons ces ennemis de la religion; saccageons leurs demeures; anéantissons tous ceux qui ne sont pas les fils des déserts d'Arabie... »

Un agent de la force armée s'approche. Il écoute et il sourit d'un air bienveillant : c'est un dément. Mais tout d'un coup ce dément prend de l'importance, d'imprudentes paroles s'échappent de ses lèvres, il le soupçonne donc d'être un simulateur : « Malédiction...

pourquoi restez-vous là, stupides, courez, réunissez vos forces, sauvez vos frères qui périssent... ha! ha!... égorgez ceux qui font pleurer le souverain enfermé dans une prison... ha! ha! Enver tremble, il m'attend, il a peur... je suis le porte-parole des pays lointains, le justicier... »

L'agent, gravement, ordonne de circuler et pose une main sur l'épaule du marabout :

— Va-t'en, lui dit-il.

Le marabout sursaute; il s'écarte de l'homme qui l'interpelle d'une façon aussi autoritaire et se met lentement en route. Il s'arrête tous les dix pas, se retourne, brandit sa houlette et gronde :

— Maudit!... Maudit!...

Un portefaix, auditeur attentif de l'étrange discours, donne son opinion :

— Ce fou parle comme un sage.

L'agent dévisage le débardeur, assez hardi

pour approuver ouvertement des paroles séditieuses, et l'admoneste :

— Attendez, je vais vous conduire en un endroit où l'on vous apprendra à distinguer un fou d'un être raisonnable.

Le débardeur s'éloigne; entre ses dents il murmure :

— Encore un vendu !

Ortakeuy, 13 juin.

Hier, au moment où je rentrais après une absence prolongée, le cuisinier Kévork accourut au-devant de moi, effaré : Bulbul a disparu. Il l'a appelée, s'est hasardé, au risque d'être traité de profanateur, jusqu'à la partie de la maison réservée aux femmes; rien n'a répondu à ses appels, nulle part il n'a découvert la halaïk.

Je m'élance, je cherche : le jardin, les caves, la serre, les chambres sont vides. Un pressentiment dirige mes pas vers le hammam. La porte en est close, mais, derrière cette porte, un être gémit sourdement. Je me jette en avant, la serrure saute, un battant cède. Je recule, pris à la gorge par une âcre senteur de charbon. Je pénètre enfin et dans la salle des étuves, où la chaleur est suffocante, je découvre, allongée sur le marbre, inanimée, Bulbul, la gracieuse Bulbul à l'esprit naïf, qui a recherché la mort, s'imaginant qu'elle seule guérit de la douleur.

Je l'enlève dans mes bras, je l'emporte jusqu'à ma chambre où je l'étends sur une chaise longue, près des fenêtres ouvertes. Alors seulement je songe à couvrir sa jolie nudité.

Enfin, elle respire régulièrement; elle

ouvre les paupières et, en m'apercevant, elle dit d'une voix à peine distincte :

— Pardonnez-moi, maître, si j'ai voulu partir avant vous; Dieu ne l'a pas permis...

Je lui impose silence...

Ce matin je l'ai grondée : pourquoi cherchait-elle à se détruire puisque je reviendrai?

Elle m'a demandé de le lui jurer et j'ai accordé le serment désiré pour ramener le sourire à ses lèvres.

De la sorte Bulbul s'en ira avec l'espoir de lendemains heureux; peut-être oubliera-t-elle; peut-être, fidèle comme une amante inconsolable, attendra-t-elle l'heure d'un suprême bonheur qui ne sonnera jamais.

Aussi, Bulbul, je te plains de toute mon âme, car mon cœur endolori est inaccessible à l'appel d'un nouvel amour!

15 juin.

Les gardiens de nuit réveillent la cité endormie :

— Yanghin var!... Yanghin var!... (1).

Des clameurs, des sons de trompe; une lueur immense rougeoit le firmament. Un nouveau sinistre s'abat sur cette terre de réprouvés.

Très loin, et cela paraît tout près, l'incendie fait rage; d'énormes flammes s'élèvent en spirales vers le ciel, qui se teinte d'or et de sang; les étincelles, promenées par le vent, voltigent dans l'air comme une pluie d'étoiles!

— Yanghin var!... Yanghin var!...

(1) Au feu!

Une rumeur grandissante secoue le silence habituel de la ville. Les pompiers irréguliers, torses, jambes et pieds nus, galopent en poussant des hurlements de forcenés; les gens se heurtent dans tous les sens. Des femmes, des enfants, échappés à la fournaise, fuient, la raison perdue, droit devant eux, sans se soucier de diriger leurs pas. Ils vont au hasard, n'importe où, loin, loin de la géhenne où ils crurent périr.

— Yanghin var!... Yanghin var!...

Sur les toits, des ombres se meuvent avec des gestes de maniaques; puis ces ombres disparaissent, car le feu ravageur se déploie et il accomplira, en dépit des efforts humains, son œuvre de dévastation.

Les cris amers, les appels, les invocations inutiles, se multiplient. Par les fenêtres des bâtisses menacées, les pompiers précipitent des meubles qui s'écrasent sur le sol, mais le sauvetage aura été inutile, les flammes se tordent avec un grondement de houle, l'orage de feu s'avance comme une mer en furie, tout brûle...

Les gendarmes s'efforcent d'organiser un service d'ordre; ils doivent y renoncer. Du reste, comment brutaliseraient-ils les malheureux demi-nus qui pleurent sur les ruines d'une misère qu'ils jugeaient déjà, la veille, incommensurable?

C'est le quartier populeux de Djaddeh-Bostan qui disparaît en fumée, ce quartier dont certaines ruelles, bordées de maisonnettes cocasses, remémoraient à l'étranger les rues du vieux Scutari, du Stamboul heureux des temps disparus!

La guerre, les maladies, la famine, l'incendie, toutes les atrocités se déchaînent impitoyables, sur la capitale de l'Empire agonisant!

De la terrasse de ma maison, où Bulbul m'a rejoint apeurée, j'assiste à la dantesque scène. Il semble que la ville entière va être dévorée, et que l'œil ne contemplera plus demain qu'un vaste champ de ruines et de désolation.

Bulbul se serre contre moi et, machinalement, je l'étreins. Elle tremble, je perçois les battements de son cœur contre le mien. Je suis triste, mon âme est trop seule! Je m'incline, Bulbul me regarde les paupières battantes, et mes lèvres effleurent sa bouche qui s'offre...

Un souffle dans la tempête :

— Effendim!...

Ortakeuy.

Assis à ma fenêtre j'admire le crépuscule. Par la croisée ouverte m'arrrivent le cri des hirondelles, le parfum des fleurs, le bruit mystérieux du Bosphore, le murmure mystérieux de choses invisibles qui s'éteindra avec le jour.

Dans quelques jours peut-être le paysage sous mes yeux, qui se déteint à mesure que le ciel se décolore, aura pour toujours disparu! A la joie que j'éprouverai de m'éloigner se mélangera la tristesse d'abandonner des lieux où se sont accumulés des souvenirs qui me hanteront, j'en suis persuadé, jusqu'au fond de ma vie!

16 juin.

Chez Dilara hanoum, où je me présente pour l'informer de mon départ probable, on me dit qu'elle est absente. Alors je déambule à l'aventure par des quartiers déserts. Je ne les reverrai plus jamais, ces rues sans trottoirs dont les maisons noircies, ou couleur lie de vin, zigzaguent, penchées en des postures de très vieilles tombes; dont les façades, les chahnichirs en surplomb suent la solitude, le vide et le silence! Et pas une âme, pas un arbre en ces quartiers délabrés que l'on souhaiterait voir s'animer, perdre cette apparence angoissante de village sur lequel se serait abattu une épouvantable pestilence!

Peu à peu, dépassant ces rues énigmatiques, je débouche sur la place où expira Enisse pacha. Soudain, je frissonne : des gibets et, à ces gibets, des corps se balancent, des corps qui se sont rebellés contre le supplice, car ils ont conservé des positions atroces, celles qu'ils durent prendre quand le bourreau s'approcha pour leur nouer la corde au cou, à ces cous qui, après quatre heures d'exposition, s'allongent minces,

minces comme des poignets d'enfants!...

Autour de moi les spectateurs de cette révoltante exposition racontent qu'il s'agit de quinze Arméniens surpris fomentant un complot pour rétablir le royaume d'Arménie!

Je m'éloigne le front moite, la bouche amère.

L'accusation portée contre ces malheureux est incroyable. Depuis plusieurs semaines les demeures des Arméniens sont envahies la nuit par la populace musulmane qui pille, viole les femmes et les filles, souille les garçons; et l'on voudrait qu'en ces heures mauvaises des hommes, dont l'existence de chaque heure est une agonie de terreur, songent à une révolte destinée — ils le savaient d'avance — à rester stérile ou à attirer sur eux des supplices cent fois plus effroyables que l'esclavage et la tyrannie?...

A Péra, à un tournant de rue, j'ai la chance

de tomber sur B... bey, le praticien arménien qui eut son heure de célébrité et qui, à présent, désireux de passer inaperçu, sort en rasant les murs. Je l'entraîne sous une porte et il me fournit la clef de l'énigme : les nouvelles victimes de la cour martiale étaient de pauvres pères de famille chez lesquels on a saisi des lettres de parents habitant les régions envahies par les Russes, lettres parlant de délivrance, lettres qu'ils eurent le tort de laisser circuler parmi des coreligionnaires.

Une limousine trépidante est arrêtée contre le trottoir du Péra-Palace, aujourd'hui siège de l'état-major allemand; sous la vérandah un officier supérieur appartenant à cet état-major, raide sous son corset, tête ronde, visage rose et bouffi, discute bruyamment avec un sujet de la Quadruple Entente aux gages — personne ne l'ignore — de l'ignoble Prusse.

Les éclats de voix du Teuton ameutent les passants qui s'arrêtent pour écouter.

— Les Dardanelles sont actuellement imprenables, monsieur, je vous le garantis. Les troupes chargées de la défense sont à l'abri sous des tranchées blindées et pour s'en rendre maîtres nos ennemis devraient sacrifier cent mille hommes, et ils ne le peuvent pas. Quant à la flotte, peuh! peuh! celle-ci est immobilisée par nos sous-marins. Non, monsieur, nous ne sommes pas prêts à céder, nous ne serons vaincus nulle part, jamais, vous m'entendez bien, jamais, jamais! Les Français, les Anglais, les Russes à Constantinople? Ah! Ah! la bonne histoire; pas plus à Constantinople qu'à Berlin, monsieur!

Les moustaches en crocs du barbare semblent se redresser davantage; sa main, énorme, agite d'un air féroce la badine avec laquelle il fustige son ordonnance.

Le journaliste, courbé dans l'attitude servile d'un vendu, bredouille :

— Mais certainement, mon colonel, certainement !

Les curieux regardent avec une sorte de stupeur la brute qui gesticule et, brusquement, saute dans l'auto sans même saluer son interlocuteur...

Je suis, depuis de longs mois, privé de nouvelles de la douce France où j'ouvris les yeux à la lumière; cependant, un pressentiment, qui est comme une voix venue de la terre bénie, me console. Elle me dit, cette voix, que ma patrie acceptera toutes les épreuves, qu'elle combattra avec une froide volonté jusqu'à la minute bienheureuse où elle libérera le monde du monstre hideux qui a ensanglanté le genre humain.

Va donc, rodomont vantard, je ris, car la victoire finale, c'est nous qui l'aurons!

Je fais une troisième rencontre, celle de Ruchdi bey. Il a la mine préoccupée; je le presse de questions et il m'avoue « que cela marche mal ». Aux Dardanelles les pertes sont fabuleuses; les renseignements reçus du Caucase sont déplorables : l'armée décimée par les maladies, les Russes s'avançant sur Erzéroum. Maintenant la Bulgarie s'amuse à un jeu équivoque et on n'est plus sûr de ses intentions.

Je demande, ironique — la comédie du Teuton m'a exaspéré :

— C'est tout?

— Non, malheureusement, la Roumanie, jusqu'ici si bienveillante, qui feignait d'ignorer la contrebande que nous transitions sur son territoire, menace, en se montrant intransigeante sur ses devoirs de neutre, de nous couper les vivres. Il nous reste bien la Grèce, mais, là encore...

Je dis, exagérant le sarcasme :

— Bast, avec l'appui des Allemands, révolte, famine, manque de munitions, ça ne signifie rien; les Allemands sont des Dieux avec un grand D. Ne partagez-vous pas mon avis?

Ruchdi s'aperçoit-il que je raille? Il se sépare de moi sur un « au revoir » très sec!

Ortakeuy, 20 juin.

Hakki bey m'apporte, tout joyeux, le bienheureux passeport turc autorisant Cadri Osman effendi, négociant, à se rendre à Dédéagatch, en nouvelle Bulgarie. Je détiens déjà – dissimulé dans la doublure de ma veste — le passeport américain, dressé en mon nom de Français et de chrétien, qui me permettra de poursuivre mon voyage sur Marseille...

Hakki bey renonce à se réfugier en ma maison. Il a obtenu, pour se protéger de l'invasion, un poste de caïmakam (sous-gouverneur) d'une petite localité asiatique éloignée, où les bruits de l'univers viennent se briser, où l'on s'entretient de la guerre comme d'un événement fabuleux qui appartient au monde des livres.

Je lui donne l'accolade. L'émotion étreint nos cœurs. Sait-on si on se retrouvera à la fin du cataclysme qui bouleverse le globe? Le voyage que nous entreprenons en des directions différentes nous dirigera peut-être tous les deux vers l'ultime voyage d'où l'on ne revient qu'à travers la chair de sa chair............

Par un acte rédigé en présence de deux témoins, je laisse la propriété d'Ortakeuy à Bulbul, fille de Tcherkess Ali le Pehlivan (1). Dilara hanoum consent à venir s'abriter chez elle jusqu'à la fin de la tourmente. De la sorte, si les Alliés s'emparent de Constantinople, ils épargneront les habitants d'une demeure qui, ouvertement, continuera à m'appartenir et sur laquelle Mehmet hissera les trois couleurs!

Bulbul refuse tout d'abord avec des larmes le don qu'il m'est doux de lui offrir. Pour la décider à accepter il me faut lui démontrer que ce don représente un simple dépôt qu'elle me restituera un jour, qu'il est fait avec le seul souci de la préserver de la misère et d'adoucir sa déception si Dieu me refuse la joie du retour.

(1) Lutteur.

Mes paroles sont maladroites, au lieu d'apaiser Bulbul elles suscitent en elle une nouvelle crise de larmes.

Navré, je la caresse d'un geste machinal.

Alors elle a un élan :

— Maître, pourquoi vous éloignez-vous?

Et si attendrissante est sa voix que le désir de m'évader de cette contrée — appelée à supporter, pour de longs mois à venir, le joug allemand — défaille en moi.

L'insistance de Bulbul serait-il le cri du destin pour me retenir au bord d'un grand malheur qui m'atteindra dès que j'abandonnerai ma retraite actuelle, toute entourée de tiédeur et de silence?

— Enfant, il le faut

Ses mains enfermées dans les miennes, j'admire longuement la Circassienne dont la beauté, depuis l'essai de suicide, n'a plus de secrets pour moi. Son visage douloureux est un peu pâle, mais cette pâleur répand sur tous ses traits un charme poignant...

Pourquoi suis-je condamné à ne plus aimer, pourquoi le ciel a-t-il permis qu'une enfant, jolie et tendre, m'ait jeté son cœur en offrande?

Ortakeuy, juin.

J'ai voulu revoir une dernière fois la tombe que Nébilé m'a si souvent supplié de ne pas abandonner, la dalle tumulaire dont elle souhaitait que l'épitaphe ne s'effaçât jamais, l'inscription de son nom en lettres dorées, toujours neuves, devant la préserver, s'imaginait-elle, de l'oubli. Et il va falloir me retirer sans la suprême consolation de réciter pour elle, près d'elle, l'*El fatihah*, ce Pater musulman qu'elle préférait à toute autre oraison, les paroles qui le composent ayant la douceur d'un baiser!

Un cordon de troupes autour du cimetière en défend les issues; derrière les murs le champ de repos s'est transformé en un horrible champ de souffrances! La mort fauche tous ceux que l'on y apporte comme en un lazaret...

Le soir vient, un brouillard tombe, noyant dans un halo les silhouettes des cyprès du jardin funèbre. Je m'en éloigne le cœur ulcéré. Et, au milieu de la route, je me heurte à un cortège qui roule lentement : ce sont des chariots, une dizaine, peut-être davantage, je n'ose les compter, sur lesquels cahotent des cercueils en bois blanc, de tristes cercueils de charité, fabriqués sur une même mesure, troués de fentes énormes. Je frissonne.

Qui sait si, dans leur hâte d'ensevelisseurs,

les fossoyeurs, gagnés par la peur de la contagion, n'ouvriront pas les anciennes tombes pour y enfouir de nouveaux cadavres! Et je songe au corps de ma Nébilé, à la profanation qui le menace, aux doigts malpropres et impudiques qui le toucheront; et je me désespère de mon impuissanee à le défendre contre ces mains sacrilèges!...

Plus tard j'entretiens Dilara hanoum de mon inutile visite au cimetière profané de Rouméli-Hissar, je lui expose mon désir de voir soigner et entretenir la tombe de sa fille. Dilara hanoum promet de s'en occuper, mais elle promet du bout des lèvres; mon désir, je le devine, est, d'après elle, une fantaisie de chrétien. A quoi sert, en effet, le luxe d'une pierre sous laquelle il n'y a plus rien, Nébilé régnant, depuis le jour de son décès, au sein du paradis, parmi les houris du plus grand parmi les plus grands!

Ortakeuy, mercredi 23 juin.

L'arrogante suffisance des Allemands dépasse l'imagination. A entendre les représentants de la kultur, la reprise de Przemysl est une « kolossal » conquête. La cohorte judéo-jeune-turque bat des mains, pousse des cris d'enthousiasme... Les maisons, les boutiques, les cafés, de Galata à Péra, s'ornent d'oriflammes. La cité est en fête sur un monceau de cadavres!

Stamboul, le Stamboul religieux, le Stamboul des Vieux-Turcs, reste fermé, indifférent aux manifestations des envahisseurs : les morts parlent dans les maisons muettes des ruelles silencieuses et, ici, l'on pleure!

Les Teutons croient impressionner les naïfs Ottomans, pour lesquels la géographie est pleine de mystères, et ils mettent tout en œuvre pour les entretenir dans l'illusion d'une Allemagne invincible. Cette campagne de mensonges est actuellement une nécessité d'autant plus urgente qu'ils ne sont pas sans remarquer un certain fléchissement de l'opinion à leur égard, depuis surtout que des soudards germains ont tué froidement des officiers turcs qui taxaient l'alliance allemande de calamité publique.

Aujourd'hui les brasseries regorgent de buveurs blonds et gras. *Och! och!* à leurs victoires perpétuelles; *och! och!* pour le tsar de Bulgarie dont l'épée sortira demain du fourreau et qui, à la tête de ses guerriers, se joindra aux conquérants, la glorieuse Allemagne, l'indomptable Autriche!

Sont-ils convaincus de leur invincibilité, ces reîtres? Les plus clairvoyants s'y tromperaient.

*

Pourtant, l'état-major promène les troupes d'Andrinople aux Dardanelles et de la presqu'île de Gallipoli aux frontières bulgares avec, dirait-on, un sentiment d'impuissance contre le réseau d'ennemis qu'il sent s'élargir autour de lui, menaçant d'isoler l'Empire ottoman!

La maladie du Sultan, ce vieux souverain renversé sur son sceptre brisé, n'interrompt pas les coups de tam-tams. Il faut en imposer au peuple à tout prix. Mais le peuple est-il dupe?

Non, le peuple ne s'illusionne pas! Spectateur conscient et impuissant du drame qui ruine sa croyance aveugle dans le pouvoir sans pareil du Dieu de Mahomet, il verse en secret des larmes lourdes comme du plomb, amères comme du sang!

Aussi j'éprouve une joie intense à l'idée d'abandonner la ville, autrefois superbe, dont les heures de gloire, de splendeur et d'indépendance se perdent dans le passé!

« Vous êtes un bienheureux, oui, un bienheureux », telles sont les paroles qui échappent à Hamdi pacha lorsque je lui annonce mon départ pour le lendemain.

Il ajoute, ensuite, d'un ton profondément découragé :

— Notre séparation est définitive. Devant moi se dresse la mort prochaine ou l'exil volontaire en une ville inconnue où se réfugieront ceux qui, comme moi, sont trop vieux pour assister sans un crève-cœur mortel à l'occupation de Constantinople. Vous le voyez, je ne m'abuse pas et ceci équivaut à admettre que nous succomberons tôt ou tard. Si les Bulgares ne se joignent pas à nos agresseurs, — je ne dis pas ennemis, les Français nous aiment et nous épargneraient si nous ne nous étions pas accrochés aux Allemands — la lutte sera dure et longue, très longue, mais la conclusion la même : l'invasion! Si nos voisins obtiennent de la Triple Entente les concessions que la Russie a, jusqu'ici, empêché la France et l'Angleterre de leur garantir, ils sortiront de la neutralité et occuperont Rodosto afin de nous priver de notre base de ravitaillement. Alors, ce sera la capitulation forcée, foudroyante!

On m'assure que le peuple, excédé des oppressions actuelles, souhaite sa propre défaite qui signifiera pour lui la délivrance. Je ne saurais lui en vouloir : l'ancien, le nouveau régime, tous deux ne lui ont procuré que des luttes inutiles et une misère toujours plus pesante!...

Nous capitulerons, oui, et je songe à la situation des Jeunes-Turcs le jour où les ennemis se présenteront en face de Scutari.

Si la multitude sort à ce moment de sa léthargie, le réveil sera terrible et mon fils, malgré ses fautes, est toujours mon fils!

28 juin 1915.

Je dis adieu à Dilara hanoum, à Kadrié encore endormie, à Mehmet, aujourd'hui ingambe, qui m'accable de souhaits et jure de verser son sang pour assurer la sécurité des femmes sous mon toit. Mais, Bulbul, où est-elle passée?

Prétextant l'oubli d'un livre, je grimpe vite, vite; j'ouvre une porte : Bulbul est là, prostrée, qui sanglote de détresse :

— Bulbul!... Méchante, tu me laisses partir sans un adieu?

— Maître, mon cœur se brise, et que penserait la hanoum en me voyant pleurer?

— Adieu, Bulbul, adieu, petit oiseau à l'âme discrète, souris-moi et je m'éloignerai en emportant un rayon du soleil de tes yeux.

Bulbul découvre un visage pathétique : un sourire dans les larmes !

Je la saisis, je la serre sur ma poitrine, mes lèvres invitent les siennes et je m'enfuis lui abandonnant un dernier baiser, dangereuse illusion de jours meilleurs où elle sera heureuse, avec moi...

Je me jette au fond de la voiture qui m'attend à la porte; un tour de roues; c'est fini!

Adieu pour toujours, jolie demeure, penchée au bord de l'eau tranquille et bleue du féerique Bosphore. Adieu, paisible demeure qui abrita ma félicité, paysage qui berça mes rêves, mes joies et mes mélancolies. Adieu, ruelles taciturnes qui apparaissez pleines de secrets, visions des banlieues désertes et tristes, fontaines mauresques glougloutant sous les mûriers. Adieu, terre clémente, dômes superbes des superbes mosquées sur la plupart desquelles, demain, brillera la croix, élégants minarets d'où, demain encore, des voix timides appelleront les fidèles asservis à la prière, endormeuse de nos peines! Adieu, cyprès sombres qui chantez le soir au-dessus des morts consolés la complainte de l'air : chansonnette l'été, chant grave quand l'hiver ouvre aux pauvres le gouffre de la misère!

Adieu, tout ce qui fit pour moi le charme de la Turquie expirante. Adieu, le passé insaisissable, voix faites de toutes les voix lointaines disparues, qui ne parleront plus!...

J'ai vécu, jusqu'à présent, dans l'enveloppement caressant d'un rêve; maintenant c'est l'heure pénible du réveil; ma vie réelle va commencer!...............

Jésus, fils chéri de Dieu, accorde-moi la force d'affronter cette existence nouvelle, hérissée de périls et qui m'effraye. J'ai péché, il est vrai, mais je reviens, je tends des mains repentantes vers la croix!... (1).

FIN

(1) On pourrait accuser l'auteur de ce journal de se montrer trop partial envers les Turcs, aussi croyons-nous devoir extraire les lignes suivantes de l'ordre du jour du général Gouraud (3 juin) aux soldats du corps expéditionnaire d'Orient..... « Soldats! En marchant à l'ennemi vous penserez que sur cette terre turque, c'est encore notre haineuse ennemie, l'Allemagne, que vous combattez. C'est elle qui a excité contre nous les Turcs qui étaient nos amis. Aussi vous ferez grâce aux soldats turcs qui jetteraient leurs armes... »

(Note des Éditeurs.)

PARIS. TYP. PLON-NOURRIT ET Cie, 8, RUE GARANCIÈRE. 21296.

A LA MÊME LIBRAIRIE

PARIS. — TYP. PLON-NOURRIT ET Cie, 8, RUE GARANCIÈRE. — 21296.

www.ingramcontent.com/pod-product-compliance
Ingram Content Group UK Ltd.
Pitfield, Milton Keynes, MK11 3LW, UK
UKHW022052260726
13993UKWH00001B/66

9 782019 925529